国民收入分配：
理论溯源与实践发展

GUOMIN SHOURU FENPEI:
LILUN SUYUAN YU SHIJIAN FAZHAN

周 慧/著

中国财经出版传媒集团

经济科学出版社
Economic Science Press

图书在版编目（CIP）数据

国民收入分配：理论溯源与实践发展/周慧著 .
北京：经济科学出版社，2023.2
ISBN 978 - 7 - 5218 - 4575 - 4

Ⅰ. ①国…　Ⅱ. ①周…　Ⅲ. ①中国经济 - 国民收入分
配 - 研究　Ⅳ. ①F124.7

中国国家版本馆 CIP 数据核字（2023）第 036738 号

责任编辑：胡成洁
责任校对：蒋子明
责任印制：范　艳

国民收入分配：理论溯源与实践发展
周　慧　著
经济科学出版社出版、发行　新华书店经销
社址：北京市海淀区阜成路甲 28 号　邮编：100142
经管中心电话：010 - 88191335　发行部电话：010 - 88191522
网址：www. esp. com. cn
电子邮箱：espcxy@ 126. com
天猫网店：经济科学出版社旗舰店
网址：http：//jjkxcbs. tmall. com
北京季蜂印刷有限公司印装
710 × 1000　16 开　12 印张　200000 字
2023 年 2 月第 1 版　2023 年 2 月第 1 次印刷
ISBN 978 - 7 - 5218 - 4575 - 4　定价：60.00 元
（图书出现印装问题，本社负责调换。电话：010 - 88191545）
（版权所有　侵权必究　打击盗版　举报热线：010 - 88191661
QQ：2242791300　营销中心电话：010 - 88191537
电子邮箱：dbts@ esp. com. cn）

前　　言

任何经济学理论都是人类智慧对客观经济规律的反映。从本质上来讲，经济学是研究社会如何利用稀缺的资源生产有价值的商品，并将他们分配给不同个人的科学。收入分配作为政治经济研究的重要领域，自是有其特殊性质和特殊地位。收入和财富在全社会成员之间如何分配，是各个国家和地区在不同发展阶段都必须重视的基本问题，直接关系着经济社会的繁荣发展和长期稳定。一定程度上，分配是资源稀缺状况下社会生产最终且唯一的目的。

21 世纪以来，伴随着共享发展理念的提出，国民收入分配问题，特别是劳动报酬占国民初次分配收入比重以及居民收入占国民可支配收入比重引起社会各界广泛关注。当前我国已经如期实现全面建成小康社会的第一个百年奋斗目标，正朝着第二个百年奋斗目标——全面建设社会主义现代化国家新征程勇毅前行。全面系统地回顾国民收入分配的理论渊源和发展变迁，系统分析我国国民收入分配格局的变化趋势和应用走向，对于实现以共同富裕为本质要求的中国式现代化兼具理论和实践价值。

本书对古典经济学以来国民收入分配相关理论的发展和变迁予以系统梳理，同时结合资金流量表等宏观统计数据实证分析各国国民收入分配格局的宏观走向和发展趋势，包括中国国民收入分配格局的基本趋势、国民收入分配格局的现状和国际比较、国民收入分配与有效税率、国民收入分配格局的消费效应，最后从再分配的视角对各国政府改善国民收入分配格局的功能和效果予以解读。

国民收入分配的理论发展与时代变迁密切相关。客观把握国民收入分配体系的理论走向，是新时代创新和发展国民收入分配理论的重要原则。古典经济学创立以来，对国民收入份额的影响因素历经多重讨论，劳动价值论奠定了古典国民收入分配的基本框架。工资和利润的边际生产力是新古典经济学收入分配的理论基础，以剩余价值理论为核心实现生产与分配的统一构成了马克思主义政治经济学关于国民收入分配的基础。现代经济学和发展经济学基于不同时期的经济社会状态对国民收入分配的决定因素和理论发展进行了系统论述。劳动和资本的分配关系在顺应经济实践中不断发展，并将在不断深化对生产关系和生产力发展的理论认识中实现新突破。

针对国民收入分配相关实证研究近年来依旧有着新的发现。21世纪初，中国劳动收入份额的下降引发持续关注，而自2010年以来，我国劳动份额持续上升，增长幅度超过3个百分点，表明全社会要素分配的不平等状况有所下降，并且以三个数据来源估算的劳动份额变动趋势基本一致。针对劳动份额的变动，按行业的分解结果表明，行业内劳动份额上升的组内效应大大抵消了增加值结构变动的组间效应，尤其是第三产业劳动份额的上升直接促进了全国劳动份额的提高。但第二产业，尤其是制造业增加值结构和行业内劳动份额的双重下降值得重视。按机构部门的分解结果同样表明，非金融部门的劳动份额上升是整体劳动份额上升的原因。针对住户、企业和政府的部门收入分配格局发现，2005 年以来的十余年间，非金融企业部门的收入份额下降明显，而金融企业部门、政府部门和住户部门的收入份额呈现不同程度的上升。但与 OECD 国家相比，我国住户部门收入份额仍然偏低且金融企业部门的收入份额偏高，考虑国有企业的影响，进一步降低政府部门的生产税税负是未来提升住户部门收入份额的关键。

国民收入分配的宏观研究为解释我国消费低迷提供了新的视角。结合各国资金流量表的宏观数据，以国民收入初次分配的劳动者报酬份额作为被解释变量，居民部门最终消费率水平为解释变量，使用回归分析的方法系统考察国民收入分配格局与居民消费之间的动态关系。研究发现，刺激居民消费有两个途径：其一是从收入端出发，增加居民劳动者报酬占增加值的比重，这一点符合中国近年来的改革动向；其二是降低税负，基准回归结果表明，消费税有效税率、劳动收入所得税（不包含居民社保缴费）的下降，都将使得最终消费份额上升。居民社保缴费对消费份额的回归系数表明，增加社保缴费将提高最终消费支出和政府部门消费的份额，但对居民部门最终消费支出的影响在统计上不显著。

从方法论和实证分析两个角度，本书同时探讨了政府再分配（即政府对居民的转移支付）在缩小居民收入差距上的效率表现。基于再分配非效率指数及其分解发现，各国政府转移支付的再分配非效率在 30% ~90% 之间，均值为 0.549（即 54.9%），其中，发达国家的非效率程度较低，以横向非效率为主；而发展中国家的非效率程度普遍较高，以纵向非效率为主。与经济发展水平联系起来看，总体非效率及其累进性偏离项与人均 GDP 对数值之间存在显著的负相关关系，但排序改变项与人均 GDP 之间不存在显著的相关关系。在现代化进程中推进共同富裕，需要通过调整结构促使再分配效率不断向最优水平接近，资金分配要在进一步向低收入人群倾斜的同时，最大限度降低转移支付对居民收入排序的改变。

总体来看，随着经济实践的不断发展，分配理论也在不断拓展完善中。一方面，国民收入分配理论历来是经济学研究的核心和基础，客观把握国民收入分配体系的理论走向，是新时代创新和发展国民收入分配理论的基本遵循。另一方面，国民收入分配格局与一国收入分配制度密切相关，并且政府参与国民收入分配的力度将直接影响企业和居民部门收入分配格局，此外，国民收入分配本身的宏观效应同样值得关注。在不同的经济发展阶段，国民收入分配的格局存在显著的不同，厘清我国国民收入分配的现状、对比世界各国国民收入分配的发展，以及考察国民收入分配与宏观税负、消费等要素之间的相互关系，对于形成合理有序的收入分配格局同样意义重大。

目　录

第一章　国民收入分配的基本范畴

国民收入分配是宏观经济运行中的重要环节，一方面，参与分配的对象是社会生产的最终成果，因而与生产直接关联；另一方面，分配的结果决定着消费和投资的结构，是收入使用的前提。可以说，国民收入分配是开启新经济循环的决定因素。对国民收入分配的研究，起点在于国民收入的基本范畴。本章意在对国民收入分配相关概念予以辨析，从理论上厘清关于国民收入与国民收入分配、功能性收入分配与规模性收入分配，以及国民收入初次分配与国民收入再分配之间的关系。

人类社会自形成以来，以不同时期的政治经济制度为基础，在社会发展的每个阶段都基于不同的社会关系形成了适合不同时期的收入和财富分配制度。古典经济学的代表人物大卫·李嘉图（David Ricardo）甚至认为，"确立收入分配的法则是政治经济学的主要问题"。可以说，对国民收入分配的研究是宏观和微观经济学长期关注的话题，尤其是在资源稀缺的情况下，劳动和资本要素禀赋有限，以优化调整要素投入结构从而促进经济的产出最大化为目标，国民收入分配成为要素规模以外影响要素投入结构的另一关键变量。从这个意义上看，国民收入分配既受要素投入结构的制约，同时也反作用于要素投入结构。由于资本要素收入相对集中，而劳动要素收入相对分散，全社会的增加值中劳动收入的份额则很大程度上决定了一个国家的国民收入不平等状况。

一、国民收入与国民收入核算

为了从根本上理解国民收入分配格局的含义，很大程度上需要引入关于国民收入与国民收入核算的概念。纵观西方经济学的发展史，关于国民收入核算相关概念可以追溯至亚当·斯密（Adam Smith）时代，甚至更早。国民收入一度与"财富""收入"等概念混用。

亚当·斯密认为，一个国家的土地和劳动每年所得的全部产品就是当年的全部收入。英国著名经济学家约翰·希克斯（John R. Hicks）进一步给出了"收入"的定义——一个人在保持期末富裕状态像期初一样水平的前提下，一定时期内可以消费的最大数额。按照这个逻辑，国民收入则是一个国家在保持期初期末同等富裕状态下，一定时期的最大消费量。由于财富是存量，收入是流量，就收入和财富的关系而言，可以视作财富是收入的一定累积，但财富又不完全等同于收入积累的简单加总。因此，经济学在研究分配问题时，又多以收入分配为基础，随着全社会财富积累的不断增加，关于社会固化和财富不平等的研究也日益增长，但单就分配这一话题而言，收入的分配更为基础且关键。在约瑟夫·熊彼特（Joseph Alois Schumpeter）看来，（这些全部产品或收入）除技术性的细节以外，在实质上就同我们所说的"国民生产总值"的意思一样。

虽然国民收入在宏观经济学中是个泛指的概念，GDP（国内生产总值）、GNP（国民生产总值）、NNP（国民生产净值）、NI（国民收入）和PI（个人收入）都可以被看作不同条件下的国民收入，但在通常情况下，国民收入一般指国内生产总值，即 GDP。GDP 衡量了一定时期在一国（或地区）生产的所有产品和服务的市场价值总和。特别的，国民收入是一国生产要素（包括土地、劳动、资本、企业家才能等）所有者在一定时期内提供生产要素所得的全部报酬。国民收入与国民生产总值基本等同，这也成为现代国民收入核算体系建立的前提。

在计划经济盛行的一段时期，由于生产资料发展条件有限，国民生产核算主要基于马克思主义的再分配理论。这一理论认为，国民经济主要包括物质生产和非物质生产两个维度，只有在物质生产领域的劳动投入才能增加可供社会分配和使用的物质产品总量，而非物质生产领域的劳动投入由于无法增加社会物质产品总量因而不计入国民收入，后期被命名为"物质产品平衡表体系"（MPS）。随着大多数国家基本经济制度从计划经济向市场经济的过渡，这种基于实物量化的国民收入核算由于无法核算非产品生产和创造逐渐式微，国民收入核算面临新的发展。

1953 年，联合国经济和社会事务部统计处正式公布了"国民经济核算体系"（the system of national accounts，SNA）。这套体系就是通行于世界各国的 SNA 体系，是市场经济国家普遍采用的国民经济核算方法。国民收入核算体系又称国民经济账户体系（即 SNA 体系），它是以西方经济理论为依据，将国民生产总值作为核算国民经济活动的核心指标，基于创造的物质产品和提供服务的劳务活动都是创造价值活动这一根本宗旨。具体而言，SNA 体系的建立，以凯恩斯主义宏观经济学的概念体系为基础，以新古典主义经济学为方法论。根据凯恩斯主义宏观经济学基本原理，一国 GDP 由消费、投资、净出口和政府购买组成；借助萨伊"三位一体"公式的理论支撑，新古典主义经济学则将国民收入划分为固定资产折旧、工资收入、营业盈余和政府税收，二者的共同点在于将所有提供服务的部门（包括政府部门），都视为生产性活动，其产出的货币化价值构成了核算的总和。主流宏观经济学用支出法划分 GDP 的目的，主要是厘清居民消费、总投资、政府消费和净出口的比例以及变化趋势，从而根据具体情况采取适当的政策以保证社会供需均衡。在萨伊生产要素理论的基础上，SNA 还借鉴了希克斯的收入概念，1993 年版本的"SNA 核算指导手册"就明确提出，国民经济核算体系在希克斯收入理论基础上发展的收入核算理论，具体包括可支配收入的定义、收入与财富再分配、风险损益以及其他数量变化的理论关系。2008 年出版了国民收入新的核算体系，中国最新的国民收入核算体系为 2016 年更新的版本。

国民收入核算的方法通常包括支出法和收入法。与支出法国民收入核算不同，收入法国民收入核算，则是指从生产过程形成收入的角度对常住单位①的生产活动成果进行核算，核算指标包括劳动者报酬、生产税净额、固定资产折旧和营业盈余四个要素，从宏观上将这四个要素分别进行核算并加以总和，即为收入法 GDP 总和。收入法国民收入核算的基本思路在于，社会产品生产过程的结束，同时标志着作为社会产品分配的开始，基于价值形态对社会产品的分配结果就对应着要素所有者的收入份额。细化来看，在收入法国民收入核算中，GDP 又包括工资、利息、租金、利润、间接税、企业转移支付以及折旧等组成，工资、利息、租金和利润等的总和就是国民收入。就价值而言，国民经济核算是按照一套既定概念和方法对一个经济总体的定量描述，阐释了经济体结构、形式和发展的系统情况，是客观反映国民收入与国民财富积累的基础（赵峰等，2012）。

二、功能性收入分配与规模性收入分配

自经济学诞生以来，收入分配的概念就大致包含两个层面的理解。一是基于生产要素的维度，探究国民总收入在劳动、资本、土地等要素所有者之间的分配（即国民收入分配），后续也称为功能性收入分配（functional distribution of income），有时也称要素收入分配（factor income distribution）。二是基于个体的角度，讨论个人在国民总收入中的分配状况与收入所有者自身人口份额之间的关系（居民收入），衡量个人凭借生产要素参与国民收入的结果与所有者本身规模之间的相对关系，即规模性收入分配（size distribution of income）。功能性收入分配与国民收入核算的内容密不可分，而规模性收入分配自然与居民收入统计的结果紧密相连。作为度量全社会收入分配状况的两个核心指标，关于功能性收入分配与规模性收入分配的关系历来是学界讨论的焦点。

功能性收入分配与规模收入分配是既分隔明显又联系密切的两个不同概念。对功能性收入分配的研究远远早于对规模性收入分配的研究，二者的分隔主要在于对收入分配问题的研究角度、研究目标和实践价值等维

---

① 常住单位通常包括：住户、企业（分金融企业和非金融企业）和政府。

度。就功能性收入分配而言，其侧重于从收入来源出发，目标在于对形成国民总收入的各类生产要素最终获得的收入规模给予量化，这些要素从劳动、资本和土地等传统要素逐渐开始包括信息和数据等新型要素。主流的功能性收入分配格局通常指劳动和资本收入分配概况，用来衡量社会总产品中劳动要素和资本要素的相对规模。通常来讲，劳动要素相对分散而资本要素相对集中，因此劳动与资本份额的相对大小直接反应了全社会的要素不平等状况。就规模性收入分配而言，主要是根据经济社会特征对家庭或个人进行分类，通过对比不同分组人群的收入份额与其人口份额之间的相对关系判断全社会的收入分配状况。规模性收入分配的研究目标意在对不同经济社会状况分组人群的收入分配格局和长短期变化趋势予以分析，进而判断收入在居民层面分布的差异和不平等状况。

就两类收入分配研究的实践价值而言，功能性收入分配的结果是劳动和资本等生产要素配置的实践指征，不同时期功能性收入分配的变化趋势，既反映了不同时期社会对劳动和资本要素稀缺性的认知（越是稀缺的要素，越能获得更高的收益），同时在一定程度还表现了对劳动要素的尊重程度，原因在于劳动收入仍然是绝大多数人的主要收入来源，资本存量和资本收益都带有明显的集中特征。规模性收入分配则更直接反映了全社会的收入分配状况，以实现人的全面发展为目标而形成合理的收入分配格局，是普通人群最大程度分享经济社会发展成果的基本标志和根本保障。

功能性收入分配与规模性收入分配的区别主要体现在以下两个方面。

一是所属范畴和功能定位不同。功能性收入分配一直是经济学的最重要研究对象之一。以威廉·配第（William Petty）为代表的古典经济学关于社会总产品的扣除依据长期是经济学家研究的核心，属于政治经济学的核心问题。在二战以后，伴随着国民收入核算体系的不断发展，国民收入分配逐步开始用来反映宏观经济中政府、企业和住户三部门之间的关系，功能性收入分配获得了前所未有的发展，直至今天仍然是重要的宏观经济指标。功能性收入分配格局从宏观上衡量一个时期（通常是一年）一国总产出（国民收入）在政府、企业和居民部门之间的相对比例关系时，可服务于决策者的宏观经济决策。尤其是政府可支配收入占国民收入的比重，直接体现了政府参与社会资源配置的能力和作用。而规模性收入分配，研究的是社会成员（包括资本所有者与劳动者、不同行业劳动者和不同阶层劳动者）之间收入分配上的差距与公平性问题。过去很长时间，社会成员之间收入分配的差距（不平等状况）如何，一直处于定性分析水平。规模性收入分配相关研究在 20 世纪四五十年代开始兴起，其中以西蒙·库兹涅茨（Simon Smith Kuznets）的相关研究发表之后，洛伦兹曲线和基尼系数的产生，才开始予以量化，使得关于规模性收入分配问题的研究才进入可识别和可比较的状态。至于规模性收入分配差距的大小，则更多是基于公平角度的考察。

二是统计口径不同。由于功能性收入分配源自国民收入核算，因而其可统计和可计算性都较高，原因在于其本身就源于"国民收入核算体系"，属于其中的重要因素。为获得准确数据，"国民收入核算"要求在政府、企业和居民等主体之间统计的"一次性"，避免重复计算。国民收入分配格局，即政府、企业和住户各自在国民收入中的占比是否恰当或合适，测算工具与衡量标准迄今并无定式。从规模性收入分配的角度而言，归属于社会成员的收入不仅包括来自劳动收入、资本利得、其他财产性收入以及政府转移性收入，也包括社会慈善捐助收入。这样通过政府再分配和社会力量的第三次分配之后，归属于社会成员个体的收入系一个加总后的数据，与整体国民收入统计的数据可能相去甚远。与功能性收入分配格局的合理性判定没有定论不同，规模性收入分配（包括居民收入分配和财富分配）依托基尼系数、阿特金森指数、泰勒指数、帕尔马比值，以及居民五等分组（或财富）占比等指标计算的数值，可以衡量不同时期居民收入和财富的不平等状况，比较的标准是完全平等的收入分配结果。规模性收入分配可以反映一个社会在收入和财富分配上的均等化程度，并且这些测量工具经过长期的发展和变化，不仅可以用于比较一个国家不同时期居民收入分配格局的变化，在不同国家居民收入分配的公平性比较上也基本达成共识。

总体而言，功能性收入分配与规模性收入分配虽然分隔明显，但实际上二者又有着密切联系。一方面，从收入形成过程来看，国民收入按照要素性质在所有者之间的功能性分配往往是规模性收入分配的前提。根据马克思主义政治经济学的一般性理论，按生产要素按贡献参与分配，是生产过程和分配过程有机统一的客观体现。另一方面，从收入形成结果来看，规模性收入分配按照要素类型的加总则对应着功能性收入分配格局。居民收入来源同样存在劳动收入、资本收入等按照要素类型的分类，理论上，在一定时期，社会所有成员按照劳动要素、资本要素收入的加总，其实质恰恰等同于功能性收入分配的结果。按照生产要素分配的一般性理论，居民的收入份额最终取决于其生产要素规模，因而无论是基于全社会要素总量维度的功能性收入分配，还是基于居民持有生产要素分量维度的规模性收入分配，其实质是辩证统一的。

三、国民收入初次分配和国民收入再分配

在功能性收入分配和规模性收入分配之外，还存在一种部门收入分配格局的称谓，考察国民收入在政府、居民和企业之间的分配格局。同属于宏观收入分配中的重要概念，因而部门收入分配与功能性收入分配的关系更近，有时也将国民收入分配与部门收入分配等同。如果将部门收入分配理解成要素所有者（政府、居民和企业）参与国民收入循环过程，各部门凭借要素份额所形成的收入分配格局，那么部门收入分配某种维度也对应着功能性收入分配，而居民收入分配则更大程度细化了部门收入分配格局中居民部门收入分配状况的研究。在这一语境范围内，国民收入分配又存在着初次分配和再分配两个范畴。国民收入初次分配和国民收入再分配相互联系、相互依存，属于两种不同层次和不同类型的分配（白书洋，2004）。厘清初次分配与再分配的关系对于客观认识我国国民收入分配格局具有重要意义，尤其是有助于了解政府在国民收入分配中的作用。

由于国民收入是由物质生产部门和非物质生产部门共同创造的，因而国民收入的初次分配就是国民收入在各生产部门内部的分配，分配范围由创造国民收入的生产活动的范围所决定。市场经济下商品的定义相关广泛，创造商品的生产活动也根据生产流程和生产环节的差异而存在直接活动和间接活动之分。在马克思看来，"任何一种分配，都不过是生产条件

本身分配的结果",① 市场经济条件下的国民收入初次分配指在生产领域，按照特定分配原则，将国民收入分解到不同经济主体的结果（广义上的经济主体包括企业、住户和政府）。国民收入初次分配的原则，实质上体现了生产过程中各经济主体在最终商品占有上所形成的经济关系。按照经济部门划分，国民收入初次分配的结构包括住户部门初次收入、企业部门初次收入和政府部门初次收入。在社会主义市场经济条件下，我国以按劳分配与按生产要素分配相结合的分配方式，根据住户、企业和政府部门创造的国民收入，最终形成国民收入初次分配格局。其中，住户部门的收入以劳动报酬为主，企业部门以营业盈余和折旧为主，政府部门以间接税（即生产税净额，生产税扣除生产补贴）为主。依据各部门初始财产性收入的差异，国民收入初次分配的结果还包括各部门财产性净收入。

在国民收入初次分配之余，政府作为基本公共服务的提供者，还承担着收入再分配职能。国民收入初次分配中的政府部门收入是政府直接或间接参与社会生产活动，凭借劳动、资本和土地等要素禀赋而获得的收入，但这种基于市场自发的初次分配无法平衡个体能力和初始禀赋对收入差距的影响，初次分配因劳动和资本要素收入贡献的差异往往容易导致较高的收入差距。这在结果上往往体现为企业部门对居民部门收入分配的挤压。收入再分配职能作为政府职能的重要组成部分，主要指政府通过税收和转移支付对国民收入分配格局的调整，形成国民收入再分配格局，也称国民可支配收入格局。政府调节收入分配的财政工具，在收入端主要包括个人所得税和企业所得税以及社会保障税或社会保障缴费，在支出端则表现为社会保障支出、救济支出、低保、无偿扶贫款等。政府在国民收入再分配过程中具有更为明显的主动作为意识，通过税收和转移支付对基于市场分配原则的国民收入初次分配予以恰当调节，合理协调高收入群体和低收入群体的收入份额和利益关系，以最大限度实现社会公平，推动经济社会高质量发展。

国民收入初次分配和国民收入再分配分属国民收入分配的两个环节，二者的关系既相互依存又相互制约。对于初次分配而言，其实质体现了在

---

① 《马克思恩格斯全集》（第 19 卷），北京：人民出版社 1972 年版。

特定分配制度和分配原则之下，市场主体凭借要素禀赋获得的收入份额；而在再分配环节，政府依托其获得的部门初次分配收入（初次收入）、个人所得税、企业所得税，以及财政转移支付的动态调整，通过将初次分配资金从高收入部门向低收入部门转移、从高收入者向低收入者转移的动态平衡，以实现合理的国民可支配收入分配格局。因此，国民收入初次分配是国民收入再分配的前提和条件，并且初次分配中各部门的相对收入份额也在一定程度上决定了再分配调节的力度和水平。由于再分配主要凭借政府参与，政府在初次分配中的份额是政府作为基本公共服务提供者而获得的要素报酬收入，这一要素禀赋规模同时也是政府参与社会生产的程度的反映。而再分配的两个重要工具——税收和转移支付，则很大程度上是政府依托行政权力对住户和企业主体的收入再调节，这与政府参与经济的能力（同时也是国家能力的重要组成部分之一）直接相关，税收和转移支付力度也受政府从企业部门与住户部门国民收入初次分配中能获取到的再分配收入约束。

再分配是初次分配的必然结果和基本保障。自国家出现以来，政府依托公共财政职能通过法定程序和原则统筹一部分社会资源，为市场的运行提供基本公共服务，以满足公众需要，实现国家长治久安。而收入分配作为政府职能的重要组成部分，既是国家能力的基本体现，同时也是政府参与收入再分配的必然结果。反过来，初次分配的顺利实现，也需要一定的政府公共基础设施和公共服务作为保障，政府公共财政支出是再分配政策工具的重要选择。并且，再分配中政府对低收入人群的补贴和社会保障、对高收入人群过高收入的调节，不仅有助于营造稳定公平的社会发展环境，也是对弱势群体分享经济社会发展成果的基本保障，这是现代社会国家价值的重要体现。只有通过国民收入再分配合理调整社会收入差距，才能推动经济社会协调、稳定发展，从而为国民收入初次分配提供必要的经济社会环境。

第二章　国民收入分配的理论回顾

国民收入分配作为经济学研究的永恒课题，其理论发展与时代变迁密切相连。自古典经济学诞生以来的三百余年间，伴随着人类社会经济水平的不断发展，资本积累在不断深化的同时，劳动力本身的发展以及社会对劳动保护的关注也日益加深，劳动和资本的分配理论在顺应着经济实践的不断发展，并在不断深化对生产关系和生产力发展的理论认识中实现了新突破。正如缪尔达尔所言，经济学如同一般的社会理论一样，旧的思想很少被完全抛弃，没有一种理论是全新的和原始的。不同时期关于国民收入分配的研究，总是源于当时经济社会的成就、矛盾与冲突的发展现状，加之经济学家的智慧和才华，形成了不仅可以解释当时经济社会发展现状，同时也足以影响后续更长时间的理论成果。

一、古典经济学：以劳动价值论为核心

古典经济学的收入分配理论以劳动价值论为核心，"劳动创造价值"是古典经济学的基本假定，地租和利息等属于劳动创造的社会总产品中扣除工资和原材料之后的差额。虽然对工资价格和工资价值的认识存在差异，但工资的最低标准通常以维持劳动者及其下一代基本生活的产品价值决定。不同要素共同参与生产过程同时也意味着不同要素所有者享有分配的权利，劳动者凭借劳动要素、资本家凭借资本要素、地主凭借土地共同

参与生产因而享有社会总产品的分配权，并且劳动是决定最终产品价值的唯一变量。

1. 威廉·配第对国民收入分配理论的早期探索

政治经济学之父威廉·配第以劳动价值论为基础，为按要素分配理论的正式提出做了早期探索。配第在《赋税论》（全名《关于税收与捐献的论文》）中指出，"劳动是财富之父""土地是劳动之母"。其核心观点认为，工人的劳动和土地共同创造了价值，但工资只是工人劳动创造价值中的一小部分，其余绝大部分变成了剩余产品，又以地租为主要的表现形式。在配第看来，工资作为工人劳动的价值体现，需要维持最低生活标准，同时出于对资本生产可持续性的要求，还需要保障工人繁衍后代的基本需求，即工人工资最低限度论。关于土地要素的分配所得（即地租），配第从实物形态和价值形态两个维度予以明确。在实物形态上，地租是农产品扣除基本生产资料和劳动者消费资料后的全部剩余产品；在价值形态上，地租则是农产品扣除全部生产费用后的余额。① 针对土地要素报酬，配第进一步提出了级差地租的概念，地租差异的第一种形态来源于土地距离市场的远近和土地的肥沃程度；地租差异的第二种形态来源于同一块土地由连续的劳动和资本投入所引致的生产率差异。对于货币所有者而言，参与社会生产的形式包括购买土地以出租从而产生地租，或者通过借贷滋生利息。在配第看来，"货币的租金"（即利息）是"土地的租金"（即地租）的派生表现，但实际上二者分属完全不同的范畴。工资和地租具有此起彼伏的对应关系，当商品价格维持不变时，对工人工资的增加同时对应着地租的下降，但如果工人工资过低，则容易因贫困和收入差距过大而引发内战等社会问题。虽然作为生产这一全过程而言，劳动要素和土地要素缺一不可，但劳动要素所有者与土地要素所有者在分配上具有对立关系。

由此观之，配第的要素分配理论已经蕴含了劳动价值论的初始形态。

---

① 在马克思的理论中，这个余额被称为剩余价值。

作为劳动要素的所有者，工人凭借劳动参与生产获得工资，工资既是劳动的价格，同时也是工人全部劳动创造价值中的一个部分。在配第看来，在劳动者创造的全部产品中，扣除劳动者工资和提前预付生产资料的价值后，剩余的部分则全部归属于地租（包含利息）。在 16 世纪四五十年代，英国工人的工资收入上限通过国家法令的形式明确，工资大多只能维持工人的基本生活。这一最高标准很好杜绝了资本家对工人劳动之间产生的竞争，一定程度上有利于当时资本主义经济的发展和繁荣。从生产而非流通领域探究要素分配的根源，是配第分配思想的突出表现，对古典经济学以劳动价值论为核心的分配理论的发展奠定了基础。虽然配第混淆了地租和剩余价值的概念，也未能很好区分地租和利润，且这种将商品生产中劳动者凭借劳动要素参与生产获得报酬——工资和土地要素所有者凭借土地所有权获得报酬——地租等同，一定程度上模糊了地租作为资本家剥削劳动者的本质，但配第关于要素分配的理论尝试为后续要素分配的理论发展做出了基础性的贡献。正如马克思所言，"配第在政治经济学的几乎一切领域中所作的最初的勇敢尝试，都一一为他的英国的后继者所接受，并且做了进一步的研究"。①

2. 亚当·斯密对国民收入分配理论的结构分析

在威廉·配第之后，国民收入分配思想先后经历了洛克、若思、马西、休谟以及斯图亚特等人的发展和演变，但并未产生根本性变革。亚当·斯密成为继威廉·配第之后，对国民收入要素分配产生变革性成果的重要人物。

以威廉·配第的理论作为研究社会财富创造和收入分配的出发点，亚当·斯密在《国民财富的性质和原因的研究》（以下简称《国富论》）就要素分配的论述如下："工资、利润和地租，是一切收入和一切可交换价值的三个根本源泉。"全部劳动产品的最初分配可以分为三个部分：其一是资本积累者获得利润，其二是地主获得地租，其三是劳动者获得工资，

---

① 《马克思恩格斯文集》（第 9 卷），北京：人民出版社 2009 年版，第 250 页。

三者共同构成了商品的社会价值总额。① 这种从价值构成的角度来解释生产要素的收入分配格局，被马克思称为"斯密教条"。亚当·斯密对要素收入分配的论述基于资本主义社会的阶级结构分析，并且不同的阶级结构对应着不同生产要素的所有者。具体而言，工人阶级的要素结构是劳动要素，凭借劳动参与分配获得劳动报酬；资本家阶级的要素结构是资本要素，通过购买劳动要素组织生产从而获得利润；地主阶级的要素结构是土地要素，通过土地出租获取地租。不同阶层结构的要素所得，对应着不同的剩余价值形态。

以商品价值为总额，工资是劳动创造的商品价值中的第一扣除，工资即是工人劳动的报酬，同时也是工人劳动的价格或者价值。工资既构成商品价值的一个部分，同时也是商品价值的生成来源。工资的功能在于维持劳动者的基本生活和延续下一代，这一点延续了威廉·配第的观点。在利润方面，斯密突破性地提出了利润作为资本主义社会的特殊经济范畴，跟随资本的出现而产生，利润是资本要素的"自然报酬"，对于理解资本主义社会利润的特殊性有着重要贡献。但斯密关于利润性质的认识也存在自相矛盾之处。基于劳动决定价值的基本观点，利润自然属于工人劳动创造价值总量的一个部分，资本家占有的工人劳动创造的社会总产品中扣除工人工资和初始原材料之后的剩余就是利润。

在土地报酬方面，亚当·斯密一定程度上加深了对土地剥削本质的认知。土地作为工人所创造的全部社会总产品中在工资和利润之外的另一种扣除，虽然土地所有者并不直接参与社会生产，但可以获取土地要素的报酬。土地同样是商品生产过程中不可或缺的要素，地租是土地所有者出租土地的报酬。地租一定程度上可以看作自然的产物，是自然参与社会生产的一种客观体现，由于土地在数量上具有有限性、不能随意增加，因而地租一定程度上还具有垄断价格的性质。在亚当·斯密所处的时代，土地已经开始私有化，资本积累也较原始社会更加深厚，原始社会劳动者凭借劳动获取全部生产所得的情形已经不复存在。"土地一旦成为私有财产，地

---

① ［英］亚当·斯密著，郭大力、王亚南译：《国民财富的性质和原因的研究》（上、下卷），北京：商务印书馆 2008 年版。

主就要求劳动者从土地生产出来的或采集到的几乎所有物品中分给他一定份额。"①

要素所有权是要素分配的原则和基本依据。土地所有者开始凭借要素所有权获得报酬收入，劳动者凭借自身劳动要素只能获取全部产品中的部分所得，即劳动工资。这个过程中，最关键的变化在于土地要素所有权的私有化，土地变为私有财产之后，其要素所有者必然凭借所有权获得收入。关于利润的分配类似。"资本一经在个别人手中积聚起来，劳动者对原材料增加的价值，在这种情况下，就分为两个部分，一部分用于支付劳动者自身的工资，另一部分用于支付雇主的利润。"② 因而，利润是劳动者创造的社会总产品增量中扣除支付给劳动者报酬之后的剩余。基于劳动价值论，亚当·斯密关于要素分配理论的探索也蕴含了对要素分配对象来源的深刻认识。一方面，劳动创造的价值是要素所有者参与分配的唯一源泉。然而，由于对劳动性质的认识不够深入，对工人的工资与劳动价值之间的关系未能很好关联起来，导致对工资、利润和地租的分配关系无法统一，"商品价值是由交换商品的支配的劳动量决定的，包括工资、利润和地租"，工资、利润和地租的来源无法统一到商品价值中，因而无法关联三者之间的关系。为了更好阐释工资、利润和地租三者在劳动创造与商品价值之间的关系，亚当·斯密引入了收入价值论的观点。工人凭借劳动要素、资本家凭借资本要素、土地所有者凭借土地要素，均有权参与社会价值（即社会总产品）的分配，这是亚当·斯密按要素分配理论的核心。但分配的源泉并非三者共同创造的价值——资本和土地虽然参与价值创造，但其本身并不创造价值，有且只有劳动才是创造价值的唯一贡献。

总体来看，亚当·斯密的要素分配论，是劳动者获得工资、资本家获得利润和土地所有者获得地租的自然分配理论，但对工资、利润和地租三者关系的认知存在较大的偏差。其中，"劳动生产物构成劳动的自然报酬或自然工资""地主的地租，便成为要从用土地上的劳动的生产物中扣除

①② 亚当·斯密：《国民财富的性质和原因的研究（上卷）》，北京：商务印书馆1983年版，第43页、第58~59页。

的第一个项目""利润成为要从用土地上的劳动的生产物中扣除的第二个项目"，① 也就是说工资、利润和地租各有自然率，三种要素的自然利润率分别决定了自然价格。虽然业当·斯密没有刻意渲染劳动者和资本家的对立，但在他看来，劳动合同是工人工资的重要决定因素，与资本家想要尽可能实现最大收益相比，二者确实有截然对立的诉求。工资的最低标准需要满足劳动者维持当代和下一代的基本生活，但雇主在工资制定上天然具有更大的话语权，原因在于资本家对生产资料的独家占有。当国民财富增加时，资本增加，对劳动者的需求增加，从而促使工资上涨。与此同时，资本家之间的竞争也因资本的增加而有所强化，利润将呈现下降趋势。因而，资本家的利润与劳动者的工资收入会呈现出截然相反的变动态势。如果是完全自由竞争的经济环境，劳动要素和资本要素可以自由流动，那么最终所有部门（所有行业）的工资率和利润率将趋于平均水平，但现实往往存在不同程度的政府干预，因而工资和利润的分布远非均衡。而对于地租收入的自然变动，一定程度上独立于工资和利润的变化——虽然土地地租收入会因社会财富的增加而增加，但地租高低与土地肥沃程度，以及土地距离市场的远近密切有关。

在国民收入分配理论发展中，亚当·斯密较早明确了要素所有权参与收入分配的决定性作用。利润作为资本所有者凭借资本所有权的分配所得，开始独立于工资和地租，作为独立的范畴被提出，并且一定程度阐明了工资和利润之间的辩证关系，为后续工人和资本家阶级矛盾的分析奠定了基础。资本积累是财富积累的根本，《国富论》正是基于这一观点，重点分析了资本积累在增加工人就业和促进分工上的重要作用。"解释利润的起源和本质便成为此后政治经济学所面临的主要课题"。②

3. 大卫·李嘉图对功能性要素分配的开拓

大卫·李嘉图是古典经济学对国民收入分配问题进行开创性研究的另

---

① 亚当·斯密：《国民财富的性质和原因的研究》（上卷），北京：商务印书馆1983年版，第58~60页。

② 陈岱孙：《从古典经济学派到马克思》，北京：商务印书馆2014年版，第22页。

一位代表人物。李嘉图的收入分配理论源于斯密的劳动价值论，以分配论为中心，系统阐释了工资、利润、地租分配以及这三者之间的对立关系，进而论证了工人、资本家和地主三大阶级之间的矛盾与对抗关系。工资、利润、地租都是劳动产品的成果，分属于劳动创造价值的有机构成，但工人的劳动创造是要素分配的根本来源。

这一时期，工业革命使得社会生产力的发展呈现新的变化，资本主义社会在不断繁荣发展的同时也酝酿着更大的矛盾和危机，工人阶级和资本家阶级的矛盾日益突出。资本家为实现更多的资本积累，将新增加的财富用于扩大再生产成为必然，对利润的追逐成为资本家这一时期更大的诉求，对劳动的剥削力度达到了新的高度。李嘉图延续了亚当·斯密对社会阶层的划分，工人、资本家和地主三个阶级是资本主义社会的基本阶层结构。劳动、资本和土地作为生产要素投入，产出也分别对应三个部分：工人获得工资，资本家获得利润，地主获得地租。社会总产品在要素投入者之间的分配，其目标在于实现更好的经济增长，因而"确立支配这种分配的法则，乃是政治经济学的主要问题。"①

以劳动价值论为根本遵循，李嘉图对工资、利润和地租的分配份额以及三者之间的变动趋势和互动关系作了进一步探讨。"商品的价值……取决于其生产所必需的相对劳动量"，劳动仍然是决定社会总产出价值的唯一要素。资本主义的发展使得工资水平更多受市场供求规律的影响，但最低工资仍然满足工人及其家庭成员维持基本生活和繁衍的社会必需品的价值这一原则，又主要取决于生活资料价格的高低。就工资的变动趋势来看，资本主义社会中虽然工人名义工资不断上升，但实际工资反而下降。利润作为劳动者创造的社会总产品中扣除归属于劳动者的工资和原材料成本之后的剩余，取决于工资的高低，在利润的绝对规模不断扩大的同时，利润率反而呈现下降趋势，原因在于人口自然增长、土地生产率下降等因素。这种将利润率的下降视为自然规律，而非资本主义制度的必然，脱离了资本有机构成来解释利润下降的成因成为李嘉图理论的一个不足。而在地租方面，地租系社会总产品中超过工资与利润之后的剩余，"地租是为

① 大卫·李嘉图：《政治经济学及赋税原理》，北京：商务印书馆1962年版，第3页。

使用土地的原有的不可摧毁的生产力而付给地主的一部分土地产品"①，并且地租是农业方面超额利润转化的具体形式。受到土地报酬递减这一规律的作用，长期来看农产品价格必然上涨，进而工人工资上升，最终利润率将呈现下降趋势。

在国民收入分配中，工资份额的变动影响着利润份额和地租份额的变动，并且以工资份额的变动为核心。分属于工人的工资和资本家的利润天然具有反向关系，当工资增加时，利润就必然下降，反之亦然。伴随着经济社会不断进步，工资和利润的水平都维持在相对稳定的自然水平，工资会逐渐趋于回归到劳动的自然价格，利润则会逐渐下降，并且在完全竞争的公平市场环境中，各部门的利润率也会逐渐趋于一致。在资本主义社会，利润是引领社会生产力发展的重要力量，原因在于利润的不断增加是资本积累的唯一来源，也是资本家扩大再生产实现资本主义社会持续繁荣的源泉，但利润的增长同时受到工人工资和地主地租的双重限制。为了准确认识土地要素与劳动价值论之间的关系，需要进一步厘清地主凭借对土地所有权而享有的地租，以及劳动者生产地租所花费的劳动量与商品相对价值的变动之间关系，② 这也促使"我们必须研究地租的性质和规定地租涨落的法则"。③

相较于之前的国民收入分配研究，李嘉图更为注重劳动、资本和土地要素的功能性分配，并结合资本社会生产的发展历程给出了不同生产要素分配份额的变动趋势。工业化时代，资本主义社会在实现原始积累之后，为实现更大的积累开始对利润有更高的诉求，工人的劳动仍然是决定社会总产出的唯一要素，但工人工资受到的压榨也较之前更为严重。在社会发展的不同阶段，社会总产出在劳动、资本和土地之间的分配比例会不断变化，但李嘉图更多是从量变的角度对劳动、资本和地租份额在社会总产品中的分配关系予以解读，劳动者和资本家、地主的阶级对立关系虽然成为他分析不同阶层要素收入所得的依据，但其国民收入分配理论仍然没能触及资本主义制度的一般规律。

---

①③　大卫·李嘉图：《政治经济学及赋税原理》，北京：商务印书馆 1962 年版，第 55 期。
②　武晓光：《按要素分配理论的演变》，河北师范大学博士论文 2012 年版，第 31 页。

4. 萨伊"三位一体"的财富分配

自亚当·斯密以来的学者对国民收入分配的阐释大多基于劳动价值论，基本论点在于劳动才是创造社会总产品的唯一源泉。虽然早在亚当·斯密的收入分配理论中，收入价值论也曾占有一席之地，但已有理论被让·巴蒂斯特·萨伊（Jean Baptiste Say）彻底扬弃。让·萨伊系统驳斥了自斯密至李嘉图以来占据主流的劳动价值论，转而从效用价值论的角度来阐明劳动、资本和土地等生产要素之间的分配关系。

在《政治经济学概论》一书中，萨伊就财富分配给出了系统论述，进一步明确了分配的对象和分配的原则。在分配之前，"首先需要分析构成分配对象的价值的本质"，进而"当价值已经创造出来以后，价值是根据什么规律在社会各成员间分配，成为个人收入。"① 在这里，萨伊正式就分配对象的价值予以明确，只有在清晰界定分配对象价值的基础上，分配规律和分配结果才具有足够的意义。在萨伊看来，"人力所创造的不是物质而是效应"，② 生产是通过人的劳动组织资本和土地等生产要素——这些归属于自然的生产物质借以劳动被创造成新的物品，从而满足人类新的需要，因而劳动的价值不在于创造物质，而是借由劳动开发出可以满足人民需要功效的新商品，即创造效用。效用成为衡量物品价值的唯一基础，商品之间得以交换的前提也在于不同商品有着不同的效用，可以满足人类不同的需要。实际上，萨伊的效用价值论一定程度上延续了劳动价值论的思想，认为商品价值的产生源于劳动的参与，如果商品本身具有可以满足人的需求的效用而无须劳动参与，这类商品在萨伊看来是没有价值的。与此同时，虽然商品价值的产生非劳动不可，但又不完全归功于劳动，而是劳动、资本和自然力共同合作的结果。基于劳动、资本和自然力三要素共同创造商品效用的观点，商品价值的产生自然也由三要素共同实现，即为生产三要素。

基于效用价值论和生产三要素的基本观点，萨伊进而发展了其要素收

---

① ② 萨伊：《政治经济学概论》，北京：商务印书馆 1963 年版，第 60 页、第 348 页。

入分配的理论，即为后来马克思所称的"三位一体"理论。① 商品之所以有价值，在于商品能满足人们的效用需求，因而效用构成分配对象的价值。这类汇集了生产者个人劳动、用以满足人类特定需求的商品被萨伊界定为社会财富，并且只有社会财富才能用于分配。"社会财富项目所以带有价值，是因为获得它们必须付出代价，而代价就是在生产方面所作的努力"，② 这也意味着，虽然效用是衡量商品价值的基础，但效用的产生必然需要劳动的参与，那些可以从自然界直接获取、无须劳动参与的物品，并不属于萨伊所谓社会效用的范畴。在创造社会财富的过程中，劳动、资本和自然力都不同程度地发挥着作用，劳动尤为不可或缺，三类生产要素的合力是商品效用（也即是商品财富、社会财富）的根本。因而，三类生产要素的所有者都可以凭借其所持有的要素参与生产过程，进而获取相应的回报——劳动者获得工资，资本家获得利息，地主获得地租。既然劳动、资本和土地三要素是生产的基本条件，其要素所有者可以凭借在生产中的重要性而参与分配，但重要性如何度量，萨伊未能清楚解释。③ 生产要素的市场价值与其他商品的市场价值类似，由供需状况决定，但生产要素供需具体的决定要素为何，萨伊也没能给出很好的解释。④

总体来看，萨伊"三位一体"的社会财富分配理论以商品效用作为衡量分配价值的基准，基于劳动、资本和土地三类生产要素参与生产过程的重要程度，衍生出了"劳动——工资""资本——利息""土地——地租"的分配公式。参与商品生产以创造效用和价值的生产要素都应当获得对应的报酬——工人获取工资，资本家获取利息，地主获取地租。从本质上来看，"三位一体"的分配公式对于劳动价值的认同不如以前，从根本上否定了劳动价值论劳动系创造价值的唯一源泉，否定了利息（或者说利润）和地租均来源于劳动创造的价值扣除工资和必要生产成本后的剩余这　观点。马克思在《资本论》第三卷中对萨伊所谓生产三要素共同创造价值的

---

① 马克思在《资本论》第三卷中全面批判了萨伊的三位一体公式：劳动——工资、资本——利息、土地——地租。

② 萨伊：《政治经济学概论》，北京：商务印书馆 1963 年版，第 351 页。

③ 约翰·贝茨·克拉克的边际生产力分配理论对此作出了很好的解释。

④ 生产要素的供需后来由马歇尔理论给出了解释。

论述予以批判，认为其掩盖了利息和地租的真正源头，但在市场经济条件下，当生产要素分布本身不均衡，劳动、资本和土地归属于不同的生产者，这种按要素贡献（参与生产过程的重要程度）决定分配规模的观点对于激励人们从事生产活动仍然具有积极意义。

5. 约翰·穆勒的劳动生产力分配理论

作为古典经济学的最后代表人物，约翰·穆勒（John Stuart Mill）的收入分配理论主要体现在《政治经济学原理及其在社会哲学上的若干应用》（1848）。当资本主义经济发展到一定阶段时，资产阶级与劳动阶级的矛盾进一步凸显，劳动和资本收益的两极分化使得劳动阶级对资本主义生产制度的反抗进一步加剧。延续古典经济学一直以来的分析思路，在穆勒看来，工资与其他生产要素一样，取决于竞争和习惯，并且以竞争为主，"竞争是工资的主要调节者"，与此同时，"工资取决于劳动的需求与供给，即取决于人口与资本。"[①] 工资的最低标准系维持工人生存的生活资料的价值。在分析利润的来源时，穆勒认为利润之所以产生，是由于劳动生产所创造的价值高于维持劳动所需要的价值，也就是劳动生产力，而地租是优等土地超出劣等土地的收益，是土地使用的成本（代价）。

劳动生产力是利润产生的源泉，而资本不具有生产力，"严格来说，资本并不具有生产力。唯一的生产力是劳动力，当然它要靠工具并作用于原料。"但需要指出的是，劳动的生产力并非劳动的价格的生产力，而是活劳动的生产力，"工资没有生产力；它是一个生产力的价格；工资不会同劳动本身一起贡献于商品的生产，正如机器的价格也不会同机器本身一起贡献于商品的生产一样。"资本主义制度的发展，劳动和资本的对立进一步凸显。资本家的利润规模取决于两个因素：其一是产品量，也就是劳动生产力；其二是利润的份额，即工资在社会总产品中占有的份额，后者同时也是利润率的决定因素。因此，利润与工资之间具有反向关系，利润

---

① 约翰·穆勒，政治经济学原理及其在社会哲学上的若干应用（上），北京：商务印书馆1991年版，第380页。

率取决于工资份额，当工资上升时利润率下降，当工资下降时，利润率上升。简言之，"工人在自己的工作日中占有的那部分越小，归资本家所有的那部分就越大，反之亦然。"①

穆勒关于国民收入分配规律的研究，一定程度上割裂了生产与分配。在他看来，分配规律与生产规律在本质上不同，社会制度安排对生产物的分配影响重大，法令或习惯在社会财富分配中具有决定性的作用，"财富的分配要取决于社会的法律和习惯，决定这种分配的规则是依照社会通知阶级的意见和感情而形成的。这在不同的年代和国家内是很不相同的"。对分配问题的研究，需要回归到国家权利对财富分配的决定性作用。不仅如此，分配规律并非一成不变，在特定时期和特定区域具有历史阶段性，这也是穆勒分配思想的一大进步。在马克思看来，穆勒关于分配思想的错误源于他对劳动自然性和社会性之间的认知偏差。就自然性而言，劳动过程是劳动要素和生产资料相结合从事生产的过程，劳动过程虽然不具有特殊性，但在不同的历史条件下，劳动要素具有不同的内涵。基于劳动过程的生产力以前期劳动生产力的发展为基础，而新的劳动生产方式是对旧劳动生产方式的替代。这一时期，关于国民收入分配的研究背离了劳动价值论下劳动创造价值的初衷，劳动价值论反而沦为资本家的武器，资本主义借以工人阶级的劳动压榨获得了更大的发展。

二、马克思主义政治经济学：生产与分配的统一

作为古典政治经济学的集大成者，马克思的分配理论虽然源于对古典政治经济学的批判，但马克思同时将劳动价值论升华为收入分配的科学理论，标志性成果是劳动二重性学说和剩余价值理论的创立。马克思主义政治经济学关于国民收入分配的理论，系统剖析了资本主义条件下特定的分配关系及其本质——资本主义制度下特殊的生产关系形塑了资本主义社会特殊的要素分配形态。在阐释资本主义社会要素分配特殊规律的基础之

---

① 《马克思恩格斯全集》（第 26 卷），北京：人民出版社 1974 年版，第 258 页。

上，马克思同时深刻指明了人类社会发展中生产关系决定分配关系这一要素收入分配的一般规律，并站在人类社会发展规律的高度科学预判了未来较长时期的要素分配趋势，实现了对国民收入分配理论从特殊到一般的飞跃。

马克思对于资本主义分配关系的理解，始于对资产阶级和无产阶级生产方式的判断。"现代资本主义生产方式是以两个社会阶级的存在为前提的。一方面是资本家阶级，他们占有生产资料和生活资料；另一方面是无产阶级，他们没有这一切而仅有一种商品即劳动力可以出卖，而他们是不得不出卖自己的劳动力以获取必要的生活资料的。"① 在《雇佣劳动和资本》一书中，马克思深刻指出，劳动并非生来即是商品，工人对劳动的出卖源于资本主义社会特殊的制度安排。在这一制度安排下，资本家占有的生产资料和生活资料是制约无产阶级生存的最根本要素，广大的无产阶级只有凭借劳动这一要素不断参与资本主义生产，才能维持个人及其家庭的基本生活。同时，在资本的范畴上，马克思跳出了以往古典政治经济学家视资本为劳动积累的认知，开始将资本也视为一种社会生产关系——"资本也是一种社会生产关系。这是资产阶级的生产关系，是资产阶级社会的生产关系"。这一理论突破，为马克思所谓分配关系与生产关系辩证统一的分配思想奠定了基础。

事实上，马克思充分继承了古典经济学家关于劳动价值论的论述，"商品的价值由生产商品的必要劳动时间所决定""生产某个物品所花费的劳动时间，属于这个物品的生产费用，某个物品的生产费用也就是它值多少钱，因此撇开竞争的影响不谈，就是它能卖多少钱"。长期来看，工资的"市场价格"总趋势在竞争中始终指向工资的最低标准，而劳动的自然价格同样等同于工资的最低标准。工资和利润之间的不平等，源于资本主义制度下资本雇佣劳动这一关系的必然结果。在工人创造的社会总产品价值与工人获得的工资价值之间，始终存在一个差额，这个差额也就是后续马克思所称的剩余价值。用于分配的社会总产品价值的余额全部来源于劳动在生产过程中的创造，但工人通常只享有其生产成果的一部分，而且

---

① 《马克思恩格斯全集》（第 19 卷），北京：人民出版社 1963 年版，第 124 页。

是非常微小的部分。

在《〈政治经济学批判〉导言》一书中，马克思进一步明确了政治经济学的研究对象，即"一定社会性质的生产""一定社会发展阶段上的生产"。这也意味着，马克思关于分配理论的论述始终围绕着生产这一核心。在马克思看来，生产、分配、交换和消费是紧密联系的有机统一体，生产在一定程度上既决定了后三者的关系，但同时一定程度上也决定于后三者之间的关系，"一定的生产决定一定的消费、分配、交换和这些不同要素相互间的一定关系。当然，生产就其单方面形式来说也决定于其他要素……不同要素之间存在着相互作用"。[①] 就分配和生产的关系来看，二者具有更为密切的关系，"分配的结构完全决定于生产的结构，分配本身是生产的产物，不仅就对象说是如此，而且就形式说也是如此。"[②] 因而，生产决定了分配的结构，用于分配的社会总产品完全是生产的结果产物，在分配和生产形式也具有类似的含义。

关于工资和利润之间的关系，马克思进行了更为系统的深入思考。在马克思看来，"劳动力的价值——即这种商品的适当的出售价格——是由生产劳动力所需要的劳动量决定的，而这个劳动量本身在这里又是由生产工人的必要生活资料所需要的劳动量，也就是维持工人生活所需要的劳动量决定的，工资成了工人赖以生活的收入。"[③] 因此，劳动力的价值由生产劳动力所耗费的劳动量决定，而这个劳动量取决于维持工人必要生活的生产资料所耗用的劳动。资本家和工人之间的交换，其最终结果是使得资本家获得了可以使资本保值和资本的劳动生产力，因而，被雇佣的劳动力在一定程度上成为资本家特殊的生产资本，生产过程（即劳动过程）是生产要素实现资本积累的真实映照。劳动力在工人手中，是商品，不是资本。在工人能不断地反复出卖它的时候，它构成工人的收入；在它卖掉之后，在资本家手中，在生产过程本身中，它执行资本的职能。在这一过程中，劳动力执行了双重职能：首先是在劳动力的出卖时作为商品；其次是在生产过程中作为资本家手中的资本，即作为创造使用价值和价值的要素

①② 《马克思恩格斯全集》（第8卷），北京：人民出版社2009年版，第19页、第23页。
③ 《资本论》（第三卷），北京：人民出版社1973年版，第422页。

执行职能。可以说，马克思延续了古典经济学的基本论点，即劳动要素是价值创造的唯一来源，但并不否认在价值创造过程中资本和土地等其他生产要素的作用。

马克思进一步揭示了资本主义生产方式的本质，源源不断的劳动力被当作资本积累的工具，而工人仅能获得维持自己及家人赖以生存的基本收入，资本家借以劳动获得了远超其初始资本投入的巨大剩余。在资本主义生产过程中，工人所享有的自由局限于将自身劳动力作为商品出卖给资本家，用于换取基本的生活要素，随着社会化分工的持续加深，工人的自由也不再是在生产过程中的劳动，而仅仅是不断出卖劳动力以获取工资来维持基本生存。不断地重复劳动，工人阶级不仅无法在劳动中积累更多的劳动技能，反而使得自身的价值更加紧密依附于资本家的其他生产资料之上。在资本主义生产方式下，劳动者的收入只是资本主义分配中微不足道的结果，作为劳动要素所有者的工人阶级在分配中几乎没有话语权，出于维持生存的目的不得不妥协，资本家借劳动压迫实现了更大规模的资本积累。更残酷的是，资本有机构成的变化，使得对劳动的需求随着资本总量的增长呈现出边际规模递减的趋势。工人阶级在创造巨大资本积累的同时，也因资本积累的不断深化而逐渐成为相对过剩人口，不得不面对失业带来的一系列社会问题。

从动态演化的视角，马克思同时对资本主义生产方式决定分配方式给出了考察：所谓的生产关系，是同生产过程的历史规定的特殊社会形式，以及人们在他们生活的再生产过程中互相相处的关系相适应的，并且是由这些形式和关系产生的。在这样的背景下，资本主义生产方式唯一决定了资本主义分配方式，实现资本家更大的资本积累成为资本主义生产的唯一目标，工人阶级的命运成为既定的显然结果。他对资本家与劳动者之间的关系给出了更深刻的认知，劳动者和资本家虽然同属于资本主义分配方式的产物，但劳动者在分配中处于相对不利的地位，而资本家获得了劳动的绝大部分成果，且不会出现相对过剩这一现象。更为重要的是，通过对人类社会发展规律的历史考察，马克思最终得出了任何条件下都是生产方式与分配方式辩证统一的分配理论。在资本主义制度下，工资、利润和地租的产生源于资本和土地要素分别被资本家和土地所有者占有，而工人阶级只拥有其劳动力。然而在公有制制度下，全部的生产要素都由全社会成员共同占有，那么最终社会总产品在进行必要扣除之后，按劳分配就成为可行的选择。

总体来看，以唯物史观为根本指导，马克思将其关于要素分配的思想完全建立在资本主义生产方式的基础之上，并将资本主义制度下生产与分配的辩证统一这一观点上升至人类社会发展的普遍性规律，其发现具有重大理论贡献。通过对劳动创造价值更为深刻的认知，在充分认可劳动创造了用于分配所有物价值的基础之上，马克思对劳动二重性的发现使得资本主义生产制度下资本家无偿占有工人创造的剩余价值具有更加深厚的理论根底，进而揭示了资本主义分配与资本主义生产辩证统一的实质，并进而将其上升为人类社会发展关于社会总产品分配的普遍性规律。

三、新古典经济学：边际革命与价格决定

古典政治经济学关于国民收入分配理论的研究，一定程度上厘清了劳动、资本和土地等要素参与分配的机制，但由于对劳动价值论的贯彻不够彻底，对资本主义生产方式的认识不够深入，古典经济学面临发展的瓶颈。资本主义制度的繁荣要求理论学界为扩大再生产创造新的理论基础，尤其是伴随着社会矛盾从资本家与地主的对抗转为工人阶级与资产阶级的对抗，为实现更大的资本主义经济积累，基于生产要素所有者凭借所有权参与分配的现实需要，新古典经济学应运而生。"只有怎样把全部社会收入分为工资、利息、利润这些性质不同的收入，才是直接、完全地属于经济学的范围。"[①]

在新古典经济学家看来，生产要素的边际生产力构成了不同要素参与分配的尺度，这与生产要素按贡献参与分配具有同质性，衡量贡献的标准就是边际生产力水平。在常规生产环境下，各要素边际生产力的总和构成了生产产品的总价值，因而当按照要素边际生产力进行分配时，社会不存

---

① 克拉克：《财富的分配》，陈福生、陈振骅译，北京：商务印书馆1997年版。

在任何的剩余。一旦以边际生产力作为分配的标准，在常规生产状态下也就不存在剩余。那些因为先进技术的使用而获得的剩余（超额利润）并非常态，一旦技术被普及，这部分超额利润就会逐渐转化为工资（包含企业经营利润）。由此，古典经济学家所推崇的，由劳动者创造的、超过维持劳动者基本生活并且被资本家和地主扣除的生产剩余不复存在。新古典经济学的分配理论对古典经济学的分配理论予以彻底颠覆，由于生产剩余的不复存在，通过市场自发解决分配问题成为这一时期的重要导向。新古典经济学关于要素分配的研究，完全从边际生产力和边际效应价值出发，对劳动价值论予以彻底颠覆，也从根本上摒弃了资本主义生产关系和社会阶级关系。

1. 克拉克按边际生产力的分配

经济学的边际生产力革命对要素收入分配产生了深远的影响，边际革命也意味着经济学研究从古典迈向新古典的开端。实际上，基于边际生产力来解释分配问题，最早可以追溯到马尔萨斯和李嘉图的地租理论，但这些研究大多局限于个别生产要素，无法就劳动、资本和土地生产要素纳入统一的分析框架。1899 年，克拉克（John Bates Clark）的代表性成果《财富的分配》出版，一系列针对有关价值、工资、资本、利息、利润和租金等系统的论述，标志着边际生产力理论的诞生。

"社会收入的分配受一个自然规律的支配"，根据这一规律，"每一个生产要素创造多少财富就得到多少财富"，因此，工资倾向于和产业中最后单位劳动所生产出来的那一部分产品相等，利息倾向于和最后单位资本所生产出来的那一部分产品相等，就此形成克拉克的边际生产力分配理论。在其他生产要素数量保持不变的情况下，任意要素每增加一单位所带来的产品增量都呈现出递减的趋势，最后增加一单位生产要素的生产率最低，被称为边际生产率，并据此决定了各种生产要素的报酬。资本与劳动的收入份额——利润率与工资率的决定遵循边际规律，分别是由资本与劳动的最后边际生产力决定（范从来和张中锦，2014）。克拉克继承了萨伊的"三位一体"的价值创造理论，认为不仅劳动创造价值，资本和土地同样是生产过程中不可或缺的元素，因而资本家和地主也可以与劳动者一样获得生产成本中的一个份额，资本与劳动是合作的关系，并依托边际生产力的水平获得各自的分配份额。

不同要素的边际生产力不仅是各种收入的源泉，同时也构成了要素所有者获取收入的权利。劳动的边际生产力决定着工资的规模，资本的边际生产力决定着利息的规模。土地被纳入资本的范畴，地租的规模由土地的边际生产力决定，被视为土地投资的报酬。在不同要素收入份额的变化趋势上，由于生产要素边际报酬递减规律的作用，因而可变要素的边际收益随着可变要素数量的不断增加呈现先上升后下降的趋势。在这种情况下，企业以利润最大化为目标，可变要素投入的均衡条件是边际成本等同于边际收益，劳动力价格的确定同样取决于劳动的边际受益。

总体而言，克拉克的边际生产力分配理论为新古典经济学的发展拉开了序幕。虽然资本主义发展的矛盾越发突出，但出于扩大再生产的目的，资本与劳动对抗的现实被这一时期的经济学家所忽视。伴随着边际生产力理论的流行，生产要素的边际价值及其在分配中的具体实践开始被关注，并据此建立了总量生产函数（如 C－D 函数），生产要素分配开始从古典经济学时期的相对份额转向绝对份额，对工资的研究也从传统意义上的宏观总体工资规模转向基于企业和厂商的微观个体工资决定，工资与劳动的边际生产力进一步紧密联系。对功能性收入分配中相对份额的考察，成为宏观经济学国民收入分配研究的核心，并沿用至今。

2. 马歇尔"四位一体"的国民收入分配理论

马歇尔（Alfred Marshall）的分配理论，在历史上首次明确了国民收入这一概念，并就国民收入在生产要素所有者之间的分配关系上给出了系统全面的解读。不仅如此，在生产要素的界定上，马歇尔首次提出了组织要素参与分配的论据，企业家经营能力成为生产过程不可或缺的要素，进而给出了国民收入在劳动、资本、土地和组织之间进行分配的理论阐释，形成了马歇尔"四位一体"的国民收入分配理论。

在马歇尔看来，国民收入分配的实质系国民收入在不同生产要素之间的分割。其定义的国民收入，等同于年产品中扣除原材料、半成品和生产设备消费，及其剩余之和，同时还包括一国在国外投资获得的净收入。既然国民收入的产生是要素共同参与生产过程的产物，那么国民收入既是所有生产要素参与生产后的产品价值总额，同时也构成了不同生产要素参与分配的来源。劳动要素获得工资、资本要素获得利息、土地要素获得地租，而企业主凭借其组织能力获得利润。与克拉克侧重于从生产过程（即边际生产力）来考察分配问题不同，马歇尔的国民收入分配研究则更多是从流通角度的阐释。

不同于克拉克强调的要素的边际生产力唯一决定要素分配结果，马歇尔更多地使用均衡分析来考察，生产要素的供需均衡价格成为生产要素参与分配的重要准则。虽然借国民收入这一理念明确了分配的对象，但国民收入如何在各生产要素之间进行分配，马克尔从供需均衡，尤其是要素边际需求的角度对此做了进一步阐释。随着资本主义经济的不断发展，对生产要素的选择存在最优的组合，因而在不同生产环境下不同要素之间的需求量是可替代的。在一定程度上，生产要素也应当被视为商品，那么生产要素凭借生产而获得收入也可以视为是商品价格，这一价格同时取决于要素的供给成本以及基于边际生产力的需求状况。因此，不同生产要素在市场上的均衡价格成为要素参与分配的尺度和准则，但价格本身受市场上的供需状况决定。均衡价格论对西方经济学的发展产生了深远影响，供需均衡的分析方法也一直沿用至今。

更具体而言，劳动者的劳动收入由劳动要素的供需均衡价格决定，劳动的需求价格系企业主购买劳动时愿意支付的最高合同价格，由劳动的边际生产力决定，而劳动的供给价格系劳动力的生产成本和劳动者对闲暇效用的度量。在供给价格保持不变的前提下，随着劳动生产率的不断提高，劳动者的需求价格也不断上升，最终均衡价格也会上移，因而工人工资会上升。但受限于资本的规模，对劳动力的需求并非无限增加，因而需求价格会下降，工资也随之下降。由市场自发形成的供需均衡成为马歇尔分配理论的重要依据。

关于要素份额的长期趋势，在新古典经济学家看来，生产要素自由流动的最终结果是工资收入和利息收入都趋于平均水平，因而静态均衡条件下，劳动和资本要素的均衡价格一定程度成为度量工资和利息均衡收入的标准（田卫民，2011）。① 不同产业、不同行业之间，劳动和资本均衡价格的形成依赖于劳动和资本等生产要素的配置，但长期来看，最终均衡状态下的工资和利润水平是相对一致的。

四、现代经济学：增长视角下的国民收入分配

基于新古典经济学对要素决定理论的研究可知，不同生产要素根据贡献参与分配成为基本准则，但现实中的市场供需均衡并非完全竞争，这种以非完全竞争状态下的均衡价格米衡量个同要素的边际生产力自然存在争议，要素分配的结果无法获得更多认同。与新古典学派不同，甚至是与以往关于要素分配的研究不同，现代经济学开始从经济增长的角度开展要素收入分配的研究，劳动与资本要素的收入分配结果将通过影响储蓄率这一变量进而影响经济增长，这也意味着劳动和资本收入份额的相对变化将从更为宏观的角度对就业、储蓄以及经济增长产生影响，"工资和利润之间或者是社会阶级之间所进行的收入再分配，储蓄消极地适应外部给定的充分就业的投资"。②

1. 凯恩斯的收入分配理论

古典经济学"经济人"假设的出现为国民收入分配理论的发展作出了巨大贡献。基于"每个人都不断地努力为他自己所能支配的资本找到最有利的用途。固然，他所考虑的不是社会的利益，而是他自身的利益，但是他对自身利益的研究自然会或者毋宁说必然会引导他选定最有利于社会的用途"。③ 基于这一原则，古典经济学开创性地提出"经济人"这一概念。

① 田卫民，最优国民收入分配研究，南开大学博士论文，2009年。
② 毛罗·巴兰济宁：《凯恩斯主义的分配理论》，北京：经济科学出版社1992年版，第949页。
③ 亚当·斯密：《国富论》，唐日松译，北京：华夏出版社2005年版，第25页。

古典经济学的鼻祖亚当·斯密甚至提出，一切社会经济现象都是利己主义者充分追求自身利益最大化后的结果。之所以会提出以人的自利——以自身的利益最大化作为经济学研究的基本假设，原因在于18世纪工业革命后的经济发展，使得"越是得到充分的自由，每个人越是能把自己所拥有的条件最大限度地运用，社会越是能得到最大限度的经济发展"。① 当我们以"经济人"作为社会经济活动和经济学研究的基本假设之后，尤其是伴随着社会生产力发展到一定阶段，社会分工使得价值规律这一"看不见的手"成为主导经济活动的重要准则。

伴随着资本主义经济的进一步发展，原先自由发展的私人企业家开始向私人垄断资本家过渡。而在此时，率先完成工业革命的英国不再局限于本国的资本主义经济发展，开疆扩土的结果是迎来了第一次世界大战。在关于国家权力与经济发展的研判中，凯恩斯逐渐意识到，市场这一"看不见的手"也会存在失灵的情况，政府参与经济宏观调控的政策导向在这一时期得到了极大的发展。在凯恩斯时代，作为经济活动参与者的政府本身，财政收支行为对经济发展的影响得到重视，这之中又以政府投资的作用最为明显。在凯恩斯看来，政府投资如果用于购买生产资料，扩大再生产的结果是生产部门增加了收入；政府投资如果用于工资支出，劳动者收到工资后的消费将成为消费品部门的收入。从整个经济运行的层面来看，政府投资具有乘数效应，其最终拉动的社会总需求将超过政府投资规模本身。

在凯恩斯之前，以萨伊定律、储蓄收入恒等和劳动边际生产力等理论为基础，经济学家们认为宏观经济环境下的失业是不存在的，充分就业的实现无须任何人为的政策干预。当供给和需求完全均衡时，一国的国民收入与总供给（或总需求）完全相同，但现实经济的运行往往并非处处均衡，实际国民收入长期在均衡点附近上下摆动。但毋庸置疑的是，一国实际国民收入总是等于总供给，虽然不一定等于总需求。借储蓄和投资恒等的理论表达，当储蓄等于投资时，实际国民收入等于均衡国民收入；当储蓄大于投资时，现实中总供给大于总需求（供给过剩），因而厂商会自动

---

① 何正斌：《经济学300年》（上册），长沙：湖南科学技术出版社2007年版，第78页。

缩减生产规模，国民收入会下降以靠近均衡水平；当储蓄小于投资时，现实中总供给小于总需求（供给不足），因而厂商会扩大生产规模，国民收入会上升——靠近均衡水平。无论是扩大生产还是缩小生产，这之中生产决策的变动始终伴随着就业的变化，因而凯恩斯从有效需求的角度，进一步阐释了就业与均衡之间的关系。

在国民收入分配上，资本的收益主要体现为利息。利息作为特定期间内放弃流动偏好的报酬，利息率一方面取决于现金持有者对流动性的偏好程度，对现金越是重视，那么对应的现金成本（即利息）越高；另一方面则取决于货币供应总量的规模，货币供应总量越多，利率越低。而在工资水平上，凯恩斯做了货币工资和实际工资的区分。现实经济无法自发实现充分就业的原因在于货币工资刚性，工人会对工资下降产生抵触情绪，可能会有组织地参与游行等以保障现有工资水平。当工人工资下降时，虽然部分企业可能会因为利润而增加投资，但货币工资的降低大多伴随着社会总需求的下降，其负面影响是显而易见的。在经济衰退时期，通过降低工资水平以提高资本的边际收益，虽然可以刺激投资，但工资下降也会致使社会总需求的萎缩，因此最好的举措是借以通货膨胀，名义工资上涨但实际工资反而下降。

凯恩斯主义认为，国民收入分配结果对经济增长的影响是显然的，并且这种分配结果是借助有效需求不足这一途径，从而对经济增长产生影响。有效需求作为商品总供给和总需求达到均衡时的水平，有效需求的规模同时决定了社会的充分就业规模。在常规条件下，资本主义社会的有效需求是不足的，"我们生存其中的经济社会，其显著缺点，乃在不能提供充分就业，以及财富与所谓之分配欠缺公平合理"。[①] 由于就业量低于充分就业水平，此时需要政府加以宏观调控，刺激总需求规模不断向有效需求规模靠近，进而实现充分就业。由于边际消费倾向递减的缘故，如果财富继续向资本集中，那么社会总需求也会受到影响，因而需要通过个人所得税等政策工具予以干预，改变收入分配状况以提高社会总需求，进而促

---

① 约翰·梅纳德·凯恩斯：《就业、利息和货币通论》，高鸿业译，北京：商务印书馆1999年版。

使国民收入增长。

2. 新剑桥学派的国民收入分配理论

在凯恩斯之后，伴随着经济学研究重心从英国向美国的转移，美国经济学界逐渐划分出以凯恩斯为代表的宏观经济学和以马歇尔为代表的微观经济学两个范畴，新古典综合派应运而生，这一学派的代表人物是保罗·萨缪尔森（Paul Anthony Samuelson）。在新古典综合派那里，边际生产力理论仍然占有重要地位。稀缺和效率作为经济学研究的永恒主题，与资源的有限相比，人的欲望是无限的，如何以有限的生产要素及其组合实现最优规模的产出，成为市场机制有效率生产的关键。由于自然资源属于天然禀赋，如果不推动人力资本的提高和技术变革，那么资本积累的收益会逐渐下降，甚至带来经济停滞，提高劳动生产率成为促进经济增长的关键。随着经济的不断增长，资本存量不断增加，资本的边际生产率将呈现出递减的趋势，因而利润率会下降（此时利润总额是增加的）；与此同时，随着劳动供给相对减少，劳动的边际生产率反而会上升，因而工资会增加。

而在英国经济学界，一些信奉凯恩斯主义的经济学家则在经济增长理论和收入分配理论等诸多领域与新古典综合派产生论战，代表性学者是剑桥大学的琼·罗宾逊（Joan Robinson）、卡尔多（Nicholas Kaldor）和帕西内蒂（Luigi L. Pasinetti）。在与新古典综合派的论战中，新一辈剑桥学者的观点与以马歇尔为首的老剑桥学派背道而驰，因而被称为"新剑桥学派"。在充分借鉴传统凯恩斯主义的基础上，作为现代凯恩斯主义重要组成部分的新剑桥学派，在否定新古典综合派的基础上，试图回到李嘉图的理论之中，构建一个客观价值理论为基础、分配理论为中心的经济研究框架，并试图在此理论的基础上为缓解资本主义制度下失业与通货膨胀的矛盾提出新的政策建议。以李嘉图的客观价值理论为遵循，新剑桥学派认为，工资和利润的相对份额完全取决于利润率大小，工资率包括货币工资率与实际工资率，利润率受技术条件的影响，随着技术的逐步普及，超额利润率会逐渐趋向于零。

1953 年，新剑桥学派代表人物之一罗宾逊夫人发表《生产函数与资本积累》一文，对总量生产函数进行质疑，由此掀起长达 20 余年的剑桥资本争论。遵循收入分配与经济增长的研究逻辑，新剑桥学派着重分析经济增长过程之中，国民收入中劳动和资本收入相对份额的变化趋势，及其对宏观经济的影响。罗宾逊夫人认为，资本并非生产力，利润来自流通领域而非生产领域，原因在于资本形态和功能的差异导致其不具有生产要素的基本特征。"正常利润"作为企业家经营的目标，具有合理性，但在垄断资本主义时期，垄断利润的产生证实了资本家对工人劳动成果的剥削占有，因而，未能触及利润来源这一根本。针对工资和利润分配的讨论，罗宾逊夫人认为，如果是在自由流动的封闭经济体中，国民仅在劳动和资本要素间进行分配，工人的收入全部用于消费，而资本家的收入扣除个人和家庭消费后用于储蓄，因而利润的规模决定于资本家的储蓄（也就是投资）规模。

在新剑桥学派看来，经济增长与收入分配是密不可分的，并且二者相互影响、相互制约。国民收入的分配表现为利润和工资，前者归属于资本家，后者归属于工人。投资作为利润规模甚至国民收入分配格局的重要决定因素，储蓄的一定比例可以转化为投资，但不一定所有的储蓄都用于投资，并且利润的储蓄倾向总是高于工资的储蓄倾向。同时，国民收入分配格局的形成依赖于一定的客观物质基础，其不仅与历史上的财产占有制度（即原始资本的分配制度）有关，还与劳动市场的发展变迁紧密相连。货币工资水平的形成取决于历史工资水平和劳资议价能力，而利润作为资本所有者的财产回报，即使是在初始状态下，工资和利润的分配也难以实现公平、合理的结果。

作为新剑桥学派的突出代表人物，卡尔多以投资率这一关键变量，初步得出了工资份额和利润份额的相对稳定规模，并将其作为经济发展的长期事实之一。社会中只存在资本家和工人两个阶级，国民净收入由利润和工资组成，假定工资全部用于消费而利润全部用于储蓄（储蓄又可转化为投资），因而当经济实现稳态时，即供给和需求相平衡时，利润率和利润份额则完全依赖于资本家的储蓄倾向，与新古典综合派所宣称的资本边际生产率无关。

五、发展经济学：分配理论从不平衡走向平衡

20世纪60年代开始，伴随着发展中国家的经济增长，发展中国家的收入分配问题引发诸多关注。延续西方经济学关于经济增长与收入分配的传统，发展经济学紧扣增长与分配，系统考察了影响收入分配的相关要素，就此给出了新的研究解释。与此同时，伴随着微观住户数据的应用，库茨涅兹（Simon Smith Kuznets）倒"U"型曲线和刘易斯二元经济增长等理论的先后提出，持续丰富发展经济学关于国民收入分配的研究。尤其是西蒙·库茨涅兹关于收入分配的倒"U"型曲线，就收入分配的长期变化趋势给出了很好的概括：在前工业文明向工业文明过渡期间，收入差距在经济增长早期会迅速扩大，其后会短暂地维持稳定，而在经济增长后期收入差距会逐渐缩小。这一理论，在解释不同经济体要素收入分配的相对变化趋势和居民收入差距演变的长期趋势上都有着极其重要的应用。

发展经济学视域下，收入分配宏观层面涵盖生产要素配置与生产结构调整，微观层面主要表现为人均收入与所在人群的相对份额。他们一方面主张以住户数据对人均收入分配及其分布进行考察，另一方面注重将收入与分配政策连接起来，对生产要素进行宏观层面分析。因收入来源的划分依据不同，收入分配包括三个层面：其一是初级收入分配，包括对工资、地租、利息和利润等生产要素的分配；其二是再分配，即通过政府税收和社会保险缴费对初级收入分配进行再分配；其三是第三次分配，通过价格调整、公共物品与公共服务的提供对再分配收入进行三次分配。

在发展经济学家看来，生产要素的收入是价格的反映，即地租、工资、利息和利润分别对应着不同生产要素的价格（李懿，1994）。不同于新古典经济学所谓的边际生产力理论，生产要素价格不再是边际生产力的表现，原因在于边际生产力需要以完全竞争和规模报酬不变为前提条件，而现实中这两个条件是无法满足的。新古典增长模型对发展经济学的研究同样影响重大。以刘易斯"二元经济"理论研究为例，伴随着劳动力从传统部门向现代部门的跨部门流动，资本家的利润大规模转化为新的资本投

入以扩大再生产，生产要素的分配结果由传统部门的劳动力剩余和利润转化为资本的积累共同决定。具体而言，二元经济部门分别指以传统生产方式"维持生计"的农业部门和以现代"资本主义"生产的工业部门，伴随着一国经济从农业部门向工业部门的发展转向，劳动力也将经历从无限供给到有限短缺的过渡，工资的决定因素也由维持基本生活所需的生产资料价值转变为劳动的边际生产力。发展阶段的变化，使得劳动力的供给曲线不断向上倾斜，劳动力的工资回报也不断上升。工业化进程中，劳动力从充裕到短缺的拐点即为"刘易斯拐点"，这一过程同时伴随着劳动收入水平的提高。发展经济学延续了新古典经济学关于技术进步对经济增长的理论，人均收入增长也很大程度上来源于技术进步，但技术进步对劳动和资本收益的影响取决于劳动和资本的边际收益。如果在完全竞争市场条件下，要素的边际收益与要素的边际成本（价格）是一致的，因而在劳动和资本要素投入比不变的条件下，因技术进步带来的资本和劳动边际收益的差异则决定了劳动和资本价格的变动方向，最终影响劳动和资本要素收入份额。

由于土地数量是一定的，因而经济发展过程中人口增长的压力会不断提高农作物价格和地租水平，在农业发展早期，投入初始资本有望借助技术力量提高产量，因而可以抵消因土地稀缺带来的地租成本上升。除了农业技术会影响地租水平以外，土地由农户家庭自耕种还是资本家向地主租地耕作对要素收入分配有着不同影响。土地所有权的分配方式、地租水平以及劳动生产率的差异共同决定了农村耕作的模式，进而影响着关于土地要素的分配。在工资收入方面，农业部门的劳动收入来源于自耕农的种植所得和部分农业工人的收入，但农业部门的工资水平长期低于其他部门，因而农业部门的收入水平普遍偏低。劳动力从农村向城市流动的一个重要原因就在于城市部门的工资收入更高，尤其是伴随着城镇化进程中城市大规模机械化的使用，城市劳动生产率显著提高，城市工人的工资也呈现出上涨趋势。但由于通货膨胀等原因，城市生活成本也较高，因而实际工资的增长幅度远低于经济增长幅度，相比而言，资本的收益率增长得显然更快。对于发展中国家而言，资本是非常稀缺的资源，因而作为资本家投入资本生产要素回报和承担生产经营风险报酬的利润，在低收入水平的国家通常出现利润率高、但利润规模偏少的现象。伴随着发展过程中资本积累水平的不断提高，利润在整体收入中的份额有望提升。但对于绝大多数发展中国家而言，受限于资本的集中和技术水平的发展水平，加之金融市场现代化水平有限，无论是利润的相对规模还是绝对规模，发展中国家的利润水平始终低于发达资本主义国家。对于发展中国家而言，要素收入的不平等水平将伴随着资本要素的积累而不断扩大，而伴随着国际市场的发展，资本富裕国家对发展中国家的对外投资获取了超过平均水平的资本回报，而发展中国家靠廉价劳动力获得的收入增长始终有限，这不仅拉大了发展中国家自身的要素收入差距，也进一步加深了世界范围内的要素收入差距。

关于生产要素分配的变化趋势，赫尔希曼（Albert O. Hirschman）的不平衡增长理论给出了部分解释。为了最大限度利用有限的资本规模，发展中国家会倾向于优先选择工业部门进行投资，工业部门的工资和利润水平都会显著高于其他部门，在不平衡增长阶段，全社会的收入差距也会显著增加。但当经济发展到一定程度时，农业等传统部门也会获得资本的投入，其最终结果是不同行业、不同部门的工资和利润水平趋于一致。还有学者对不平衡增长到平衡增长的具体机制作了系统解读，比如缪尔达尔（Karl Gunnar Myrdal）。区域经济发展不均衡的直接影响是劳动力和资本纷纷从经济落后地区向经济发达地区流动，其结果是发达地区经济越来越发达，落后地区经济越来越落后，不同地区的劳动要素和资本要素的收入差距也逐渐扩大。然而，伴随着发达地区资本的逐步丰富，资本、劳动、投资等方面的竞争也会越来越激烈，资本回报率和工人收入水平也会逐步下降。为了获取更高的边际收益，资本和劳动力转而向经济不发达地区回流，促进不发达地区的经济增长，因而最终全社会的收入差距会不断趋于均衡。

值得一提的是，在发展中国家经济不断崛起的实践中，国际资本流动也持续影响着各国的要素分配格局，并且伴随着技术进步的影响，劳动者的技能构成也成为讨论劳动要素回报的重要变量。有研究表明，近 40 年来，全球范围内的劳动收入份额由稳定状态转为持续下降的趋势，发达国家和发展中国家劳动份额均不同程度地下降，且无论是企业部门、还是宏观整体的劳动收入份额，均出现了不同程度的下降（Karabarbounis and Neiman，2014）。宏观经济学关于劳动要素份额下降的原因讨论也较多涉及全球化和机械化等的影响，涵盖技术进步、全球一体化、贸易、金融一体化，其结果是资本对劳动的替代率上升、资本成本下降、资本密集型行业相对发展更快。特别的，针对中等技能劳动者收入份额下降的分析中，工作内容的常规化、流程化程度逐步提升，被机器、机械替代的可能性等也被纳入讨论范畴。如果从劳动者的技能构成来看，技术进步和全球一体化使得中等技能劳动者的替代性有所增强，机械化大生产使得这部分劳动者的收入份额下降，而低等和高等技能劳动者的收入份额有所上升，尤其是高技能劳动者的收入份额显著上升。数字经济时代，人工智能迅猛来袭，那么如何衡量技术进步对劳动者生产率的影响呢？如果中等技能劳动者的收入份额下降是因为被机器等替代，那么被替代的劳动力最终流向哪个阶层呢，以及继续依靠中等技能为生的那部分劳动力的劳动份额到底上升还是下降？这些问题也引发了发展经济学关于要素分配的思考，并将随着 21 世纪经济社会的发展而不断更新答案。

六、结论与展望

在古典经济学时代，以斯密和李嘉图为代表的古典经济学研究者亲历了资本主义发展从手工业的繁荣到工业革命的飞速发展，受限于生产规模和资本主义积累的规模，加之当时的生产条件和技术水平不高，因而积累成了对社会共同利益的讨论。尤其是斯密关于三个阶级三种收入范畴的分配理论，使得工资增加变成了与资本积累一样衡量一国财富增加和经济社会繁荣发展的标志。李嘉图同样认同资本积累在促进生产发展和社会进步方面的作用，即使地租的居高不下可能阻碍资本主义的发展。劳动创造价值的理论认知始终存在古典经济学的研究理念之中，但资本主义蓬勃发展在不断提升社会生产条件和人民生活水平的现实也使得他们一定程度上忽视了对劳动要素的重视和保护。

当产业资本主义发展到一定阶段，产业资产阶级开始主导经济社会发展时，资产阶级与无产阶级的矛盾开始凸显。资本在完成其初期积累之后，自由竞争的资本主义也逐步迈向垄断资本主义，经济危机开始周期性地出现，提高要素的配置效率成为这一时期经济学家的关注重点。新古典经济学进而主张生产要素按照边际生产贡献参与贡献，比如克拉克的边际生产力分配和马歇尔的均衡价格分配理论，对社会阶级矛盾和弱势劳动者的关注更加不足。然而，这种依托市场机制实现生产要素的报酬与其边际贡献相一致的分配理论，是以完全竞争市场为前提的，而现实世界远非经济学理论所描绘的那样。资产不断积累的结果，一方面是资本家的财富持续增加，另一方面是劳动者的生产条件恶劣且生活空间被严重挤压，资产阶级与无产阶级的矛盾一时难以调和。

以马克思和恩格斯为代表的马克思主义研究者坚持劳动价值论，秉承人的全面发展是全社会繁荣的基础和目标这一理念，从生产关系决定分配关系出发，将国民收入分配相关研究上升到了科学的高度。马克思主义分配理论成为研究不同时期经济社会分配理论的基础，并伴随着经济社会的实践而不断丰富和发展。在马克思主义经济学看来，社会再生产涵盖生产、分配、交换和消费四个环节，分配作为再生产过程中的关键环节，由生产决定，并反作用于生产。分配制度与生产资料所有制密切相关。马克思的劳动价值论，系统地回答了什么是价值的来源（活的劳动）——劳动力的劳动是价值（以及剩余价值）的根本源泉。不仅如此，商品具有价值（社会属性）和使用价值（商品属性）双重属性，生产商品的劳动也具有二重性（即具体劳动和抽象劳动），劳动的二重性决定了商品的二重性。商品的价值系由生产商品过程中所耗费的无差别的人的劳动，即社会必要劳动时间所决定的。以唯物史观为根本指导，马克思将其关于国民收入分配的思想完全建立在资本主义生产方法这一基础之上，并将资本主义制度下生产与分配的辩证统一上升至人类社会发展的普遍性规律，揭示了资本主义分配源于资本主义生产的实质，进而将其上升为人类社会发展关于社会总产品分配的普遍性规律。

伴随着经济实践的丰富和经济理论的繁荣发展，尤其是当发展中国家走出了一条与传统资本主义国家完全不同的发展道路时，现代经济学与发展经济学开始结合经济增长研究国民收入分配问题。国民收入分配开始从单个国家或单个经济体走向更大范围的视野，统计等经济学研究工具的不断强化，提供了关于国民收入分配相关结果的经验现状，并进一步推动了国民收入分配的理论发展。政府宏观调控对经济增长乃至收入分配的影响获得了极大关注，并且学术界开始关注要素分配差距的经济影响和社会后果，关于收入分配反作用于经济增长的研究不断涌现。而伴随着发展中国家的经济崛起，发展经济学开始关注全球化进程中的收入分配问题，偏向型技术进步对劳动者报酬的影响，以及金融一体化、资本跨国流动的影响也逐渐引发关注。基于资金流量表数据对要素分配的统计研究发展，40余年来全球性劳动收入份额呈现出下降趋势，这一发现引发了更多的思考。如果经济发展的最终目的是实现人的全面健康发展，那么在经济现代化水平不断发达、文明不断丰富的今天，为何不同国家劳动者的收入份额都在下降？这同时意味着，针对国民收入分配的理论研究仍然需要回到劳动与资本要素本身，并结合不同的经济社会条件对劳动收入份额下降给出新的解释。

总体而言，对要素收入份额的决定因素历经多重讨论，劳动价值论奠定了古典国民收入分配的基本框架，工资和利润的边际生产力是新古典经济学收入分配的理论基础，剩余价值理论构成了马克思主义政治经济学关于收入分配的基础。现代经济学、发展经济学基于不同时期的经济社会状态对工资收入分配的决定因素和理论演进进行了系统论述。客观把握国民收入分配体系的理论走向，是新时代创新和发展国民收入分配理论的关键。

第三章 中国国民收入分配
格局的基本趋势[*]

    对国民收入分配份额的研究是宏微观经济学长期关注的话题，国民收入分配格局展示了全社会增加值在不同要素之间的分配状况。由于资本要素收入相对集中、劳动要素收入相对分散，劳动份额很大程度上决定了一个国家的国民收入平等状况。假定政府在生产活动中征收的间接税和补贴是中性的，那么要素分配的结果就代表着国民收入初次分配的结果。要素分配是了解国民收入分配结构的基础内容。

    自卡尔多提出经济发展的六大典型事实以来，劳动份额（也称劳动报酬份额）恒定的结论被宏观经济研究者们广泛接受（Kaldor，1955；1961）。在卡尔多看来，利润和工资的要素收入占总产出的比重总是保持不变的，至少在发达的资本主义经济体中存在着长期稳定的趋势，前提是允许对要素的利用率存在差异。早期要素收入份额的经验研究确实表明劳动份额存在长期稳定的趋势，并且方差变动也小，因而在生产函数形式的设定上对劳动和资本份额恒定的结论始终坚信不疑，这种假定也为经济学家研究宏观经济周期或经济波动理论提供了非常有利的条件。与要素分配的理论研究不同，使用宏观数据对各国劳动（或资本）份额的测算结果往往表明要素份额并非恒定不变。卡尔多对要素份额恒定典型事实的假定不

---

  [*] 周慧：《中国国民收入的要素分配——行业劳动份额的变化趋势及其分解》，《改革与战略》已接收，有删改。

断受到经验证据的冲击。比如，一些针对英国、美国等发达国家的研究发现，劳动份额在20世纪初期基本稳定，但20世纪80年代开始，大多数国家劳动份额显著下降（Solow，1958；Guscina，2007；Blanchard et al.，1997）。一项针对全球59个国家至少15年劳动收入统计数据的经验研究发现，1980~2012年全球劳动份额平均下降了大约5个百分点，并且，90%以上的劳动份额下降都归因于各行业自身的劳动份额下降（Karabar-bounis and Neiman，2014）。

　　从20世纪90年代中期到21世纪初，我国劳动份额的下降也一度成为学界关注的焦点，劳动份额下降被认为是中国消费低迷的重要原因（Bai et al.，2006；李扬和殷剑锋，2007；汪伟等，2013）。为此，党的十七大提出"逐步提高居民收入在国民收入分配中的比重，提高劳动报酬在初次分配中的比重"。尽管如此，劳动份额的变化仍然不明显，党的十八大再次强调"两个提高"——"提高居民收入在国民收入分配中的比重，提高劳动报酬在初次分配中的比重。"伴随着中国特色社会主义进入新时代，中国经济进入新常态，从经济总量增长逐步变成调结构稳增长，中国特色社会主义市场经济体制改革不断推进，要素收入分配问题，特别是劳动报酬占比以及居民收入占国民可支配收入比重再次引发关注。党的十九大报告要求"坚持按劳分配原则，完善按要素分配的体制机制，促进收入分配更合理、更有序，以促进社会城乡区域发展和缩小收入分配差距"。当前我国已经如期实现全面建成小康社会的奋斗目标，开启全面建设社会主义现代化国家新征程，客观上要求一个与经济社会发展状况相匹配的要素分配格局。《中华人民共和国国民经济和社会发展第十四个五年规划和2035年远景目标纲要》提出，"坚持居民收入增长和经济增长基本同步、劳动报酬提高和劳动生产率提高基本同步""更加积极有为地促进共同富裕"。党的二十大报告再次重申，努力提高居民收入在国民收入分配中的比重，提高劳动报酬在初次分配中的比重。

　　要素分配是研究国民收入分配结构的起点。本章的目标就在于对要素分配的中国现状进行详细的分析，结合三个不同的数据来源（资金流量表、投入产出表以及分省收入法GDP）考察了我国劳动份额的变化趋势及其分解。研究发现，2010年以来，尤其是党的十八大以来，我国劳动份额呈现逐年上升趋势，2017年达到51.47%，与2010年最低的48.32%相比，我国劳动份额持续上升，增长幅度超过3个百分点，表明全社会要素分配的不平等状况有所下降，并且三个数据来源估算的劳动份额变动趋势基本一致。21世纪初期以来，劳动份额的下降备受关注，而近年来劳动份额的上升趋势尚未被公众熟知，本章的贡献之一在于对中国自改革开放以来劳动份额变动趋势进行再次梳理，并给出2010年以来劳动份额由降转升的新变化。其次，这一变化趋势是基于资金流量表、投入产出表和收入法GDP三个来源数据资料的综合分析，在统一趋势的基础上，本章同时给出我国劳动份额的长期变动趋势和估算结果，以及对不同阶段按行业、产业和机构部门劳动份额变动的分解。结构性分解结果表明，近年来，以第二产业为代表的非金融企业部门劳动份额涨幅较快，加之其在国民经济中的增加值占比相对较高，因而促进了整体劳动份额的上涨，并且第三产业的增加值占比和劳动份额同时呈现上升趋势。建立更加合理、更加有序的收入分配格局，需要进一步缩小劳动和资本要素的分配差距，持续提升劳动份额同时也是扎实推进全体人民共同富裕取得实质性进展的关键一环。

一、国民收入要素分配格局的理论综述

通常来说，国民收入分配包括功能分配（functional distribution）和规模分配（size distribution）两个方面。其中，功能分配代表国民收入在资本和劳动两种生产要素之间的分配，因而也常常被称为国民收入初次分配或要素收入分配，以国民收入中劳动报酬和资本报酬的比重来衡量。国民收入的规模分配指的是居民收入分配，通常以洛伦茨曲线、基尼系数、泰尔指数等收入不平等尺度和指标来表示。要素收入分配和居民收入分配均是经济学最重要的研究对象之一。对国民收入要素分配研究始于17世纪威廉·配第，而对居民收入分配的研究则较晚，初具规模的研究要到20世纪四五十年代，其中以库兹涅茨的相关研究为代表（Kuznets, 1955）。本章的着眼点是国民收入要素分配的现状及其变化趋势。

　　从文献来看，对世界各国经济发展不同阶段劳动份额的经验研究表明，在经济发展阶段初期，劳动份额都呈现上升趋势，经济发展到相当高水平，劳动和资本份额都趋向于稳定（向书坚，1997），但也有研究认为劳动报酬份额在发达国家上升，而在发展中国家下降（Harrison，2005）。李稻葵等（2009）、罗长远和张军（2010a）以及龚刚和杨光（2010）等则认为劳动份额与经济发展之间存在着"U"型的关系。一些研究者则认为劳动份额的变化趋势仅在特定时期成立，比如乔榛（2011）认为我国劳动份额在改革时期呈现先升后降的倒"U"型。不仅如此，一些研究表明，随经济发展的不同阶段要素份额会呈现出逆周期的变化趋势，也即是说在经济萧条期劳动份额上升，在经济繁荣期劳动份额反而下降（Gomme and Greenwood，1995；Gomme and Rupert，2004）。

　　关于中国国民收入要素分配的变化趋势，已有研究基本认为自1978年改革开放以来，劳动份额经历了由升到降的过程，也即是倒"U"型的劳动份额曲线。但是，考虑到不同数据来源、研究年份区间、核算方法以及统计口径等的差异，对要素分配曲线呈现倒"U"型变化的年份有所差异。李扬（1992）计算了1955～1990年我国劳动报酬占国民收入的比重，发现1979年以来劳动份额持续上升，劳动份额的上升主要是居民其他货币收入的增长，而并非工资收入。向书坚（1997）对我国要素分配份额的研究表明，我国劳动报酬占国民收入的比重在1978～1986年呈上升趋势，而1987～1995年虽然有波动变化但总体平稳。虽然趋势基本一致，但对1978～1991年（包括1978年以前）要素份额的研究大多来源于研究者自行计算的结果，并非使用国家统计局公布的数据。这一期间政府经济政策对劳动份额的影响明显，比如农产品收购的市场化、城镇职工工资制度改革等。伴随着工资制度的变革，一些由单位负担的食品、医疗和住房福利开始核算为居民部门的收入，因而1985年左右劳动者报酬出现跃升，但在此之前，劳动者报酬低估的现象是非常普遍的。张车伟和赵文（2015）研究发现，雇员部门劳动份额在1978年以后总体呈现下降趋势。其中，20世纪90年代中期之前，劳动份额呈现从高水平上快速下降的趋势，而劳动报酬份额的下降主要是计划体制向市场机制的转变，工资向合理水平回归的结果，在20世纪90年代中期以后，劳动份额围绕50%上下波动且略有下降。

1992 年以后，对要素份额变动趋势的研究普遍利用了统计局的官方数据，并根据研究需要进行调整。比如，李扬和殷剑锋（2007）对资金流量表 1992～2003 年的研究发现，居民部门的劳动报酬、财产收入以及再分配收入都呈现下降趋势，其结果是居民部门的储蓄率逐步下降，企业部门的利润和储蓄都有所增加。鉴于初次分配中居民部门劳动者报酬等同于要素分配中的劳动要素收入，因而 1992 年以来劳动报酬下降的趋势基本确认。罗长远和张军（2009）使用收入法 GDP 研究发现，1993～1995 年劳动份额小幅上升，原因在于三次产业劳动份额的上升，而 1996～2004 年劳动份额不断下降，原因在于工业化进程中劳动份额相对较高的第一产业增加值占比下降，因而整体劳动份额下降。白重恩和钱震杰（2009）使用修正后的资金流量表数据测算发现，1992～2004 年劳动份额逐年下降，2005 年又骤升，但主要原因是统计核算制度的变化。吕冰洋和郭庆旺（2012）使用 1978～2008 年资金流量表数据测算发现税前劳动份额在 1983 年达到顶点后逐渐下降，1983～1994 年资本份额长期上升，此后上升的趋势变缓。有研究指出，我国劳动收入份额存在五个典型事实：一是劳动份额在金融危机前的一段时期总体下降；二是劳动收入份额显著低于世界平均水平；三是农业劳动收入份额最高但总体下降，工业劳动收入份额处于倒"U"型的下降状态；服务业劳动份额逐年上升；四是东部地区的劳动收入份额普遍低于西部地区，但差异在收敛；五是金融危机后，我国劳动收入份额止降转升（刘亚琳等，2022）。

上述研究表明，劳动份额在改革开放以来的大部分时间内虽然相对稳定，但自改革开放以来至 21 世纪初期确实呈现出先上升后下降的趋势，但近年来有所上升。虽然已有文献对于要素份额的计算已经给予了较多关注，但相关研究结果仍然存在以下问题：使用统计局官方数据的以往估计均未包括最近的年份，尤其是 2010 年以来劳动份额的变化情况，而一些对最近年份的估计结果往往利用了非官方公开的劳动收入统计数据，因此无法了解我国劳动份额变化的最新趋势。尤其是在 2012 年第三次全国经济普查后，国家统计局系统修订了 1952～2013 年收入法 GDP，并对 1992～2013 年资金流量表各机构部门增加值进行重新修订，这一调整使得 1992 年后资金流量表的数据变得更加可比，且这对于厘清要素份额的分配现状和变化趋势尤为重要。本章研究的主要目的之一在于从行业层面厘清近年来我国劳动份额变动的基本趋势。

二、国民收入相关统计数据说明

在国民收入核算体系（SNA）中，国民收入按要素构成可以分为折旧、生产税净额、营业盈余和劳动者报酬四大类。通过测算上述各部分要素占整个国民收入的比重可以获得国民收入中资本收入和劳动收入所占的比例，即要素分配的结果。其中，劳动份额是指国民收入分配中由劳动者获取的部分（主要是居民部门劳动者报酬）占整个国民收入的比重，资本份额指资本投入的回报（主要包括营业盈余和折旧）占整个国民收入的比重，这两者即为国民收入的要素份额。如不考虑政府部门征收的间接税和对生产的补贴（即生产税净额），则整个社会增加值中资本收入所占的份额（资本份额）和劳动者报酬所占的份额（劳动份额）之和等于 1。

我国的国民经济核算体系中提供了三种按要素构成分类的国内生产总值数据。一是国民经济核算中资金流量表①的非金融交易，资金流量表数据是研究政府、企业和居民等机构部门收入份额的重要依据，1992 年开始在《中国统计年鉴》中公布。李扬和殷剑锋（2007）、白重恩和钱震杰（2009b）以及郭庆旺和吕冰洋（2012）等分别使用资金流量表数据计算了不同时期我国劳动份额的变化情况。二是投入产出表。该表逢二、七年份编制，逢零和五年份编制延长表，是国家统计局唯一按产业部门分类的全国投入产出数据。孙文杰（2012）认为投入产出表的优势是用于考察技术效率和需求结构对劳动份额演变的影响，但由于数据年份不连续，使用投入产出表研究要素分配的已有文献并不多。三是地区生产总值收入法构成表（以下简

---

① 资金流量表通常滞后于国民收入统计两个年度，自《中国统计年鉴 2017》开始，该表由资金流量表（实物交易）更名为资金流量表（非金融交易）。

称收入法 GDP）。国家统计局自 1996 年开始提供全国 31 个地区按收入法计算的国内生产总值数据构成数据，并且在 2004 年第一次经济普查后对 1993～2004 年的数据进行了系统的修订，这一数据最新年份为 2017 年。[①] 收入法 GDP 还包括各地区按三次产业分类的地区增加值构成情况，因而常常被用于分析产业结构变动对劳动份额的影响以及分省劳动份额影响因素的面板回归。由于分省收入法 GDP 数据主要来自各省统计局的上报，分省加总与同期全国收入法 GDP 核算存在差异，故国家统计局于 2013 年第三次经济普查后对收入法 GDP 数据进行了重新修订。总结来看，已有研究对中国要素份额变动趋势分析大多基于统计局官方公布的资金流量表和分省收入法 GDP，并根据研究需要进行对应口径的调整，仅孙文杰（2012）使用投入产出表数据对劳动份额变动的需求结构和技术效率进行了分析，但并不涉及对全国劳动份额变动趋势的一般性结论。也有研究表明上述三个数据来源测算的劳动份额变动趋势基本一致（钱震杰，2009）。

给定国民收入的四个分类（折旧、生产税净额、营业盈余和劳动者报酬），计算要素份额需要进一步明确各部分在劳动和资本之间的归属。通常折旧认定是资本报酬，[②] 其中，生产税净额的处理是关键。政府通过在企业生产经营过程提供基础设施和必要的基本公共服务，并且对某些具有外部性的生产活动予以补贴或者收费，从而直接或间接地参与全社会增加值的创造过程。换个角度来讲，政府因提供公共服务而享有要素收入的成果也是可以被接受的，前提是假定公共服务或者是公共政策本身也属于政府享有的要素。如果政府部门将获取的间接税收入都用于提供基础设施和公共服务，那么上述结论会更明显。由于政府在初次分配活动中征收了生产税，同时对生产经营活动进行补贴，如果把政府当作一个独立于企业和住户之外的经济主体，那么生产税净额可以视为政府提供服务和基础设施

[①] 《中国统计年鉴》2019 年和 2020 年连续两个年度未列示分省收入法 GDP 数据，截止年份或为 2017 年。

[②] 国民收入核算统计的是所有要素的收入，因此折旧也是资本收入的一部分。但是如果需要计算资本收入内部各组成部分的份额时，折旧因无法在企业利润、租金收入、利息等组成部分中进行分摊，因此使用净增加值（不包含折旧）更好（Gomme and Rupert，2004）。本章中仅考虑资本要素的整体份额，因此采用名义增加值（即将折旧全部视为资本收入）。

的收益，但在研究全社会国民收入分配结构时，政府收取的这部分应当合理分摊。通常要素分配中仅考虑劳动和资本要素，对政府部门的生产税净额存在两种处理方式。第一种方式认为政府的生产税净额直接"吸收"了国民收入增加值，不影响要素分配，政府按照按初始劳动和资本要素份额比例获得生产税净额（Cooley and Prescott，1995；Gomme and Rupert，2004）。第二种方式把政府生产税净额看作对资本收入的征税和补贴，其来源全部是资本报酬。理论上讲，对生产税净额的处理可以完全看作对资本或劳动要素的征税和补贴，但现实经济中增加值创造活动的过程表明，对劳动征税或补贴部分的资金规模相对较小，这一点可以从间接税税收收入中货物和劳务两类税基分别缴纳的税收收入占比情况看出。对生产税净额的来源中资本和劳动进行分摊的关键在于分清生产税在各行业的分布情况，尤其是税基属于资本还是劳动。

　　计算要素份额还需讨论的因素是自营者（也称个体经营户、自雇经济）的收入。自营者因同时投入资本和劳动两种要素，因而在增加值的分摊上存在争议，这一点也常常成为政府统计核算制度不断调整的原因。[①]在我国国民收入历年核算统计中，对自营者收入的统计核算方式总共出现过两次重大调整。第一次调整是在2004年第一次全国经济普查。2004年之前，将自营者收入全部记为劳动者报酬，2004年之后，对自营者中非农户自营者，其自营者收入全部记为营业盈余，而自营者的农户，其收入仍然全部计为劳动者报酬。第二次调整是2008年第二次全国经济普查。在统计核算上，对于个体经营户在国内生产总值核算时，依据经济普查资料中对应行业相近规模企业按劳动者报酬占收入法增加值的比重，对个体经营户的劳动报酬和营业盈余进行了划分。其中，把个体经营户的业主及其家庭成员劳动投入的部分计入劳动者报酬，而把创造的利润部分计入营业盈余（国家统计局国民经济核算司，2011）。在农户自营者的处理上，考虑到农户经营规模较小，劳动生产率和利润率都比较低，因此将农户的这两部分收入（劳动报酬和营业盈余）全部作为劳动报酬处理（许宪春，

---

　　① 以下将讨论2004年第一次全国经济普查和2008年第二次全国经济普查对自营户收入调整的内容。

2013）。此外，农户自营者的营业盈余包含农户获得的农业生产补贴（国家统计局国民经济核算司，2011），在 2008 年第二次全国经济普查后，农业部门的营业盈余包括农业生产补贴，并且这部分补贴收入全部计入农户的劳动者报酬。2017 年，国家统计局发布《中国国民经济核算体系 2016》，明确提出将个体经营户的混合收入按一定比例区分为劳动者报酬和营业盈余，标志着我国统计核算制度的进一步完善。伴随着统计核算制度的不断发展，自营者收入的核算正逐渐与国际水平趋同，考虑到资金流量表、投入产出表和收入法 GDP 三个来源数据对自营者收入调整的要求各异，因此，本章暂不考虑自营者收入的影响。

此外，在要素份额估算的统计问题研究中，还需要关注股权、期权等非现金形式劳动收入的影响。由于劳动报酬形式的多样（Krueger，1999），尤其是一些上市公司高管薪酬中包含的股权和期权等，随着资本市场资本的逐渐完善，这一部分收入的规模变得越来越大，因此讨论这些收入的归属问题也显得越来越重要，而这有待于未来更深入地进行研究。可喜的是，《中国国民经济核算体系 2016》已经按照 SNA2008 的框架，将雇员取票期权纳入劳动者报酬的核算范畴，这也意味着我国国民经济体系核算制度正逐渐完善。诚如一些文献所言，对国民收入核算和生产账户考察越深入，就越容易发现劳动份额计算中的偏差（Gomme and Rupert，2004），如果更谨慎地处理劳动者报酬相关数据，也许大多数国家的劳动份额会趋于固定的数值（Gollin，2002）。

三、要素份额估算方法和结果

基于前述讨论，最终获得以下两种假定：其一是假定生产税净额全部归属于资本报酬，此种方法下增加值总额等于按照收入法计算的国内生产总值，因而也常被称为 GDP 法。其二是假定生产税净额不影响资本和劳动要素的分配份额，即假定生产税净额是中性的，在这种情况下，政府生产税净额不改变要素分配份额，即按照要素成本法计算要素报酬（也称要素成本法）。

GDP 法下劳动份额计算公式如下：

$$劳动者份额 = \frac{劳动者报酬}{劳动者报酬 + 营业盈余 + 折旧 + 生产税净额} \qquad (3-1)$$

要素成本法下劳动份额计算公式如下：

$$劳动者份额 = \frac{劳动者报酬}{劳动者报酬 + 营业盈余 + 折旧} \qquad (3-2)$$

如果假定生产税净额全部归属于资本收入，那么可以得到 GDP 法下劳动份额的估算结果（见图 3-1）。

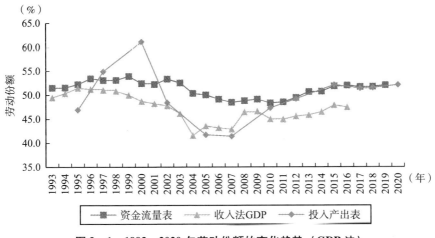

图 3-1　1993~2020 年劳动份额的变化趋势（GDP 法）

数据来源：1992~2013 年数据来源于国家统计局 2015 年修订数，2014 年以后数据来源于相关年度《中国统计年鉴》资金流量表（非金融交易）。

可以发现，根据三个数据来源计算的劳动份额基本呈现一致的变化趋势，虽然我国劳动份额在 21 世纪初期经历了不同程度的下降，但自 2010年以来，劳动份额开始逐渐回升，并且投入产出表和收入法 GDP 显示的回升年份更早。并且，2010 年以后，使用资金流量表和投入产出表计算的劳动份额在数值上逐渐趋于相同水平。大多数年份以资金流量表计算的劳动份额最高，分省收入法 GDP 的测算结果长期小于资金流量表，这一发现与范从来和张中锦（2012）类似。从计算结果的波动程度来看，使用资金流量表计算的劳动份额变化最平稳，使用投入产出表计算的结果波动最大。劳动份额波动较为平稳的资金流量表结果来看，劳动份额在2010年降至1992年来历史最低点，仅为48.32%，意味着全社会当年度创造的增加值总和中，直接归属于劳动者的收入占比不到50%。随着中国特色社会主义进入新时代，收入分配制度改革提出"提高劳动报酬在初次分配中的比重"，我国劳动份额呈现出明显的上升趋势，到2017年达到51.47%。

当假定生产税净额不影响要素分配结果时，劳动份额的计算结果明显高于GDP法下的结果，但基本趋势非常一致（见图3-2）。从变动趋势来看，劳动份额自1992年后确实呈现出先前缓慢下降而近年来逐渐上升的态势，同时期资本份额的变动趋势则完全相反。

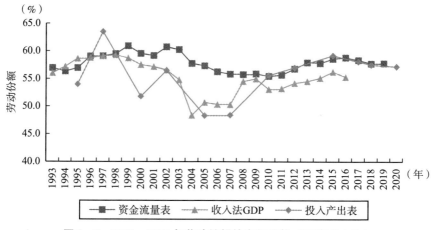

图3-2　1993～2020年劳动份额的变化趋势（要素成本法）

数据来源：1992～2013年数据来源于国家统计局2015年修订数，2014年以后数据来源于相关年度《中国统计年鉴》资金流量表（非金融交易）。

虽然劳动份额变动的基本趋势得到了确认，但是不同年份估算结果之间存在着显著的差异，这种差异主要是不同数据生成自身所导致的。比如，2013年修订后的资金流量表数据中，2012年当年的数据来源于统计局的普查结果，而其余年份的劳动者报酬通过假定居民可支配收入的增长幅度与劳动报酬份额的增长幅度一致进行推算而得。而投入产出表中的数据在基准年份（逢二、七年份）的数据来源于相关年度的投入产出调查，由于对进口关税、金融保险服务等分配处理的方式不同，因而中间投入合计与收入法

GDP 或者支出法 GDP 的数据都略有差异。投入产出调查方式主要是条块结合，多个部门共同负责投入产出部分。[①] 如果说上述两个数据来源存在的偏差可能是全国层面，那么收入法 GDP 的数据生成本身就存在更大的问题，依赖于各省统计局的上报，而国家统计局按照全国统一口径自行调整的收入法 GDP 数据目前尚未公开，并且 2017 年后这一数据再无更新。

　　基于生产税净额在部门间的分布存在显著差异，利用资金流量表分部门的相关信息，本章同时估算了不同生产税净额假定下各部门劳动份额的结果（见表 3 – 1）。可以发现，非金融企业部门的要素份额与全国整体要素份额的分配结果以及变动趋势最接近，有学者基于对国民收入各部门增加值构成的讨论认为使用非金融企业部门的劳动收入份额作为整体劳动份额的替代更优（Gomme and Rupert，2004），主要原因在于非金融部门剔除了政府部门和住户部门资本回报偏低，以及金融部门资本回报偏高的现象，并且可以避免个体经营者收入核算不准的问题。周明海（2014）对 1993～2007 年非金融部门劳动份额的估算结果为先上升再下降，并且认为实体经济部门份额的下降是整体劳动份额下降的原因。此外，一些学者用收入法 GDP 计算第二产业劳动份额也得到了先上升后下降的结论（白重恩和钱震杰，2009；罗长远和张军，2009）。

表 3 – 1	分部门劳动份额的估算结果						单位：%	
年份	非金融部门劳动份额		金融部门劳动份额		政府部门劳动份额		住户部门劳动份额	
	要素成本法	GDP 法	要素成本法	GDP 法	要素成本法	GDP 法	要素成本法	GDP 法
1992	58.9	51.5	33.6	27.0	33.7	33.5	74.4	72.1
1993	52.7	45.7	30.7	26.1	35.8	35.7	77.8	74.8
1994	50.9	45.5	39.1	28.7	44.8	44.6	72.6	70.1

---

① 以 2012 年为例，工信部、铁路总公司、海关总署和国家邮政局分别负责电信、铁路运输、进口货物使用去向和邮政服务的调查，国家统计局工业统计司负责规模以下工业企业成本费用调查，固定资产投资统计司负责固定资产投资构成调查，国民经济核算司负责其余调查。

续表

年份	非金融部门劳动份额		金融部门劳动份额		政府部门劳动份额		住户部门劳动份额	
	要素成本法	GDP 法	要素成本法	GDP 法	要素成本法	GDP 法	要素成本法	GDP 法
1995	50.4	44.9	40.7	36.1	46.6	46.4	76.1	73.0
1996	53.4	46.7	44.8	35.3	55.3	55.0	72.5	70.0
1997	51.4	45.0	55.5	39.7	64.6	64.3	72.5	69.2
1998	50.9	44.4	63.9	36.8	70.7	70.3	71.2	68.2
1999	51.7	43.7	54.1	38.1	80.4	79.9	72.0	69.3
2000	52.7	44.7	60.6	34.0	82.0	81.5	65.0	62.6
2001	50.6	42.5	50.1	34.5	88.3	87.8	67.3	65.2
2002	50.8	41.9	44.9	36.8	85.0	84.6	73.8	71.4
2003	50.8	41.4	37.9	33.2	88.3	87.8	72.1	69.1
2004	47.5	38.7	38.0	34.2	87.5	87.0	72.1	69.9
2005	47.1	38.4	36.5	32.9	87.0	86.5	71.9	69.9
2006	45.7	37.3	34.5	31.1	87.1	86.6	71.8	69.9
2007	44.6	36.3	36.1	31.7	87.5	86.9	73.0	69.9
2008	45.0	37.1	36.8	32.5	86.9	86.4	73.8	71.7
2009	45.5	37.3	36.1	31.6	87.5	87.0	71.3	70.8
2010	45.0	36.3	37.0	32.4	87.4	86.8	70.6	69.9
2011	46.0	37.1	36.0	31.9	86.8	86.3	70.5	69.9
2012	48.0	38.8	35.3	31.3	86.7	86.1	71.1	69.9
2013	50.2	41.0	33.0	29.4	87.7	87.1	71.4	69.9
2014	50.3	41.3	33.1	29.3	86.4	85.9	71.4	69.9
2015	50.7	42.3	34.6	30.1	86.9	86.4	71.7	69.9
2016	50.8	42.2	35.8	31.8	87.3	86.8	71.7	69.9
2017	51.9	43.5	36.4	33	87.6	87.1	69.2	67.3
2018	51.3	43.4	29.1	26.6	88.8	88.6	69.5	69.0
2019	50.9	43.6	30.3	27.3	88.8	88.6	69.7	69.2

数据来源：国家统计局发布的相关年度资金流量表。

　　上述研究试图剥离出分部门和产业核算时劳动者报酬份额的核算不准，但是伴随着新的问题。首先，非金融部门不存在个体户收入核算不准问题在中国其实是不成立的。2017 年《中国国民经济核算体系（2016）》的出台，才正式明确将个体经营户的混合收入按照一定比例区分为劳动者报酬和营业盈余。其次，虽然金融部门存在资本溢价过高的现象，其从业人员同等条件下的劳动报酬也更高，但由于要素份额本身是一个相对的度量指标，因此剔除金融部门估算整体要素份额的做法欠妥。使用收入法 GDP 中第二产业的要素份额作为全国要素份额的替代同样有核算不全面的问题，第三产业正逐渐成为经济增加的来源，并且下文要素份额变动分行业的变动结果表明，第三产业增加值的规模和劳动份额同样呈现增长趋势，因此使用第二产业作为整体要素份额的替代指标难以反映近年来中国经济结构转型的变化。基于此，本章认为对要素分配现状的估算仍然需要以全部经济体为基础，单纯使用某一个部门或者产业的要素份额都将得到有偏的结果。

　　为了更进一步厘清不同行业劳动要素份额的变化，基于投入产出表细分行业的数据，以下分别给出两种不同假定下不同年份分行业的劳动份额，结果分别参见表 3–2 和表 3–3。

表 3–2 　　　　　　　　　　分行业劳动份额（要素成本法）　　　　　　　单位：%

行业	2002 年	2005 年	2007 年	2010 年	2015 年	2017 年	2018 年
农林牧渔业	82.8	91.0	95.0	95.3	95.0	94.8	92.9
采矿业	48.3	27.7	43.1	44.9	55.1	51.6	49.0
制造业	50.5	39.1	41.6	47.3	48.3	47.9	45.5
电力、热力燃气及水生产和供应业	29.1	28.6	29.2	39.3	31.8	38.6	35.4
建筑业	61.8	58.7	58.2	67.7	72.8	72.4	75.7
交通运输、仓储和邮政业	48.3	29.0	29.9	45.6	55.1	52.1	52.2
信息传输、软件和信息技术服务业	23.5	19.2	20.1	27.7	59.7	48.6	50.0
批发和零售业	68.1	34.2	31.9	37.8	75.1	56.7	57.1
住宿和餐饮业	42.2	31.3	31.1	68.4	39.6	38.4	39.5

续表

行业	2002 年	2005 年	2007 年	2010 年	2015 年	2017 年	2018 年
金融业	30.2	45.1	29.3	36.2	34.6	49.8	51.3
房地产业	23.6	13.8	12.8	13.0	17.9	19.2	21.0
租赁和商务服务业	38.2	40.6	38.6	61.4	59.9	87.4	86.8
科学研究和技术服务业	56.9	61.0	58.2	61.3	65.7	64.9	65.2
水利、环境和公共设施管理业	78.1	50.6	51.6	58.8	68.5	47.7	47.6
居民服务、修理和其他服务业	69.6	29.1	30.4	73.4	80.2	82.5	82.1
教育	81.0	78.5	80.5	88.1	85.9	74.5	74.4
卫生和社会工作	72.6	67.2	69.4	83.8	88.5	81.7	81.7
文化、体育和娱乐业	66.2	49.7	51.2	63.2	63.8	65.1	64.7
改革管理、社会保障和社会组织	79.7	87.3	87.2	84.8	89.8	83.7	83.2

数据来源：国家统计局发布的相关年度投入产出表。

表 3 – 3　　　　　　　　**分行业劳动份额（GDP 法）**　　　　　单位：%

行业	2002 年	2005 年	2007 年	2010 年	2015 年	2017 年	2018 年
农林牧渔业	80.1	90.5	94.8	95.1	101.0	99.7	97.7
采矿业	43.1	22.8	35.2	34.2	41.2	35.2	33.5
制造业	39.3	31.1	32.4	37.4	38.6	38.6	37.5
电力、热力燃气及水生产和供应业	23.4	22.6	25.4	32.3	28.4	32.9	30.8
建筑业	59.1	51.0	51.0	57.0	62.5	61.9	64.8
交通运输、仓储和邮政业	44.1	26.3	27.1	41.9	42.1	45.5	45.8
信息传输、软件和信息技术服务业	22.1	18.0	18.9	25.6	61.8	47.5	48.7
批发和零售业	42.2	26.3	24.2	27.5	70.5	55.4	56.0
住宿和餐饮业	34.9	27.5	27.6	60.5	37.4	37.2	38.4
金融业	29.4	39.6	26.0	31.7	30.1	44.9	46.4
房地产业	20.2	12.1	10.9	10.9	14.7	15.2	17.7
租赁和商务服务业	34.8	36.0	34.6	53.1	55.7	79.0	78.6
科学研究和技术服务业	52.0	56.0	53.7	56.4	61.3	61.7	62.3

行业	2002 年	2005 年	2007 年	2010 年	2015 年	2017 年	2018 年
水利、环境和公共设施管理业	72.6	48.5	49.6	56.1	70.4	47.0	46.7
居民服务、修理和其他服务业	59.2	26.9	28.4	66.6	72.9	78.8	78.3
教育	79.7	76.2	78.4	87.6	86.3	74.2	74.1
卫生和社会工作	71.3	64.3	67.0	83.1	87.9	81.6	81.7
文化、体育和娱乐业	55.0	44.0	45.5	57.0	60.0	63.0	62.8
改革管理、社会保障和社会组织	79.0	86.9	86.7	84.4	90.5	83.3	82.8

数据来源：国家统计局发布的相关年度投入产出表。

四、要素份额变动的分解

要素份额的变动通常意味着国民经济结构的变化，基于此，本部分内容从要素份额变动的结构出发，考察经济增加值结构与要素份额之间的对应关系（Karabarbounis and Neiman，2014）。理论上，资本份额的变动也可以进行类似的分解。借鉴已有研究，本章对劳动份额变动的分解公式如下：

$$\Delta ls_{t0,t1} = \sum_i ls_{i,t1} \cdot vs_{i,t1} - \sum_i ls_{i,t0} \cdot vs_{i,t0}$$

$$= \underbrace{\sum_i ls_{i,t1} \cdot (vs_{i,t1} - vs_{i,t0})}_{\text{组间效应}} + \underbrace{\sum_i (ls_{i,t1} - ls_{i,t0}) vs_{i,t0}}_{\text{组内效应}} \quad (3-3)$$

式（3-3）中，ls 代表劳动份额，vs 代表增加值的比重，$t0$ 和 $t1$ 分别代表两个不同的时期，i 代表组别，可以是行业、产业或者机构部门等，$\Delta ls_{t0,t1}$ 代表劳动份额从 $t0$ 到 $t1$ 时期的变化。其中，组间效应表示各组增加值比重的变化导致劳动份额的变动幅度，是在劳动份额不变的基础上考察增加值的结构变化对整体劳动份额的影响。组内效应指各组劳动份额的变动带来的整体劳动份额的变动幅度，是在增加值占比不变的基础上考察行业内劳动份额的变动对整体劳动份额的影响。全国劳动份额的变动取决于各组劳动份额的变动以及该组在增加值中的占比，如果占国民经济增加值比重相对较高的行业劳动份额上升，那么全国劳动份额会上升；反之，如果占国民经济增加值比重相对较高的行业经历了劳动份额的下降，那么全国劳动份额会下降。其中，劳动份额变动分行业和产业分解的数据是投入产出表，而分机构部门分解使用的数据是资金流量表。

使用投入产出表数据对 2002~2020 年劳动份额变动的分解有助于我们了解近 20 年劳动份额在行业内和行业间的结构变化（见表 3-4）。可以发现，样本期间内，全国劳动份额仍然较之前上升了 3.725 个百分点，不同行业间增加值结构变动引致劳动份额下降 2.305 个百分点，一定程度上抵消了行业内劳动份额上升带来的 6.030 个百分点的增量。尤其是在 2012~2020 年的十年间，增加值变动的组间效应和行业内劳动份额变动的组内效应都止跌上升，尤其各行业劳动份额的上升使得整体劳动份额提升了 2.382 个百分点，贡献了全国劳动份额上升的 82.25%（2.382/2.896）。

表 3-4 　　　　　　　　**劳动份额变动分行业的分解结果** 　　　　单位：个百分点

行业分类	2002~2020 年		2002~2012 年		2012~2020 年	
	组间	组内	组间	组内	组间	组内
农林牧渔业	-5.558	2.709	-3.941	2.886	-1.668	-0.126
采矿业	-0.665	-0.430	-0.002	-0.162	-0.663	-0.268
制造业	-2.319	-1.164	-0.102	-0.132	-2.226	-1.024
电力、热力燃气及水生产和供应业	-0.300	0.230	-0.279	0.228	-0.020	0.001
建筑业	1.091	0.330	0.882	0.103	0.149	0.287
交通运输、仓储和邮政业	1.971	0.602	-0.718	0.232	0.112	0.101
信息传输、软件和信息技术服务业	0.987	0.721	-0.106	0.229	1.021	0.332
批发和零售业	-3.616	1.241	0.495	-0.950	0.054	2.303
住宿和餐饮业	0.939	0.269	-0.400	0.761	-0.202	-0.150
金融业	1.130	-0.141	0.851	0.073	0.430	-0.366
房地产业	0.791	0.212	0.175	-0.345	0.438	0.735
租赁和商务服务业	1.093	0.782	0.164	0.254	0.829	0.628
科学研究和技术服务业	1.023	0.148	0.287	0.025	0.681	0.178
水利、环境和公共设施管理业	-0.024	-0.112	-0.012	-0.069	-0.014	-0.041

行业分类	2002～2020 年		2002～2012 年		2012～2020 年	
	组间	组内	组间	组内	组间	组内
居民服务、修理和其他服务业	-0.072	0.360	-0.079	0.136	0.023	0.208
教育	0.383	-0.135	-0.131	0.191	0.498	-0.311
卫生和社会工作	0.296	0.190	-0.015	0.208	0.311	-0.018
文化、体育和娱乐业	0.062	0.071	-0.008	-0.004	0.072	0.074
改革管理、社会保障和社会组织	0.482	0.146	-0.218	0.319	0.689	-0.162
合计	-2.305	6.030	-3.157	3.986	0.514	2.382
全国劳动份额变动	3.725		0.829		2.896	

数据来源：国家统计局发布的相关年度投入产出表。

　　分行业来看，2002～2020 年，虽然交通运输、仓储和邮政业，金融业，租赁和商务服务业，以及建筑业增加值占比的上升有效提升了全国劳动份额，但农林牧渔业增加值份额的下降直接导致劳动份额下降 5.558 个百分点，尽管后者行业内劳动份额的提升一定程度上抵消了增加值占比下降的负面影响。按照国家统计局最新的行业分类标准，在 20 个行业中，绝大多数行业的行业内劳动份额均呈现上升趋势，劳动份额下降的行业仅有 5 个，其中制造业最高，降幅达到 1.164 个百分点。

　　与 2002 年相比，尽管 2020 年全国劳动份额仅上升 3.725 个百分点，但这 20 年间劳动份额确实经历了一个显著的"U"型变化趋势，即先下降后转升。分样本区间来看，2002～2012 年，因增加值结构变动引致的劳动份额下降 3.157 个百分点，而行业内劳动份额的变动使得劳动份额上涨 3.986 个百分点，最终劳动份额只上涨了 0.829 个百分点。这一时期，仅文化、体育和娱乐业，水利、环境和公共设施管理业，制造业，采矿业和房地产业五大门类行业经历了行业内劳动份额的下降。而在 2012～2020 年，全国劳动份额止跌回升的变化同样非常明显，并且主要是行业内劳动份额的提升。2012 年来，增加值份额下降导致劳动份额下降前三的行业分别是制造业、农林牧渔业和采矿业，且三个行业的行业内劳动份额也普遍下降。

在行业分解的基础上，笔者对劳动份额的变动再次按三大产业进行分解，以观察我国产业结构转型与劳动份额变动之间的关系（见表3－5）。

表3－5　　　　　　　劳动份额变动分产业的分解结果　　　　单位：个百分点

产业	2002~2020年		2002~2012年		2012~2020年	
	组间	组内	组间	组内	组间	组内
第一产业	−5.558	2.709	−3.941	2.886	−1.668	−0.126
第二产业	−3.168	−0.059	0.101	0.435	−3.267	−0.496
第三产业	7.045	2.756	1.657	−0.309	5.117	3.336
合计	−1.681	5.406	−2.183	3.012	0.182	2.714
全国劳动份额变动	3.725		0.829		2.896	

数据来源：国家统计局发布的相关年度投入产出表。

分产业的分解结果表明，2002~2020年，行业增加值的结构呈现显著变化，第三产业增加值占比的上升大幅抵消了因第一产业和第二产业增加值下降带来的劳动份额下降，第一产业和第三产业的劳动份额涨幅也都达到2.7个百分点，仅第二产业略微下降。分阶段来看，2002~2012年，增加值的结构效应中以第一产业下降、第三产业上升为主，而这一时期仅第一产业劳动份额上涨明显。而在2012~2020年，第一产业和第二产业都不同程度地经历了增加值占比引致的劳动份额下降，但第三产业的增加值占比和行业内劳动份额上涨明显。由此可见，产业结构变动成为劳动份额变动的主要影响因素，在农业人口向城市转移的第早期阶段，第一产业的劳动份额显著上升，而2012年以来，第三产业俨然成为我国劳动份额上涨的主要贡献。

最后，基于资金流量表分机构部门的数据，本部分还将对劳动份额的变动进行国民经济机构部门的分解，其中增加值的结构使用各部门增加值占当年度机构部门增加值之和的比重来计算（见表3－6）。

表 3 - 6　　　　　　　　劳动份额变动分部门的分解结果　　　　单位：个百分点

国民经济机构部门	1992～2020 年		1992～2000 年		2001～2010 年		2011～2019 年	
	组间	组内	组间	组内	组间	组内	组间	组内
非金融企业部门	3.656	- 4.250	1.556	- 3.626	0.907	- 3.662	0.194	3.952
金融企业部门	0.616	0.019	- 0.213	0.386	0.508	- 0.101	0.380	- 0.292
政府部门	- 0.735	6.076	- 2.991	5.302	0.058	- 0.077	2.497	0.169
住户部门	- 6.795	- 0.855	0.510	- 2.820	- 1.184	1.251	- 3.222	- 0.185
合计	- 3.258	0.990	- 1.138	- 0.757	0.289	- 2.589	- 0.151	3.644
整体劳动份额变动	- 2.267		- 1.895		- 2.300		3.492	

数据来源：国家统计局发布的相关年度资金流量表。

可以发现，1992～2020 年，劳动份额的下降主要源于各机构部门增加值结构变动，尤其是住户部门增加值占比所导致的劳动份额下降幅度达到 6.795 个百分点，与此同时，虽然全国层面机构部门内部的劳动份额变动为正，但非金融企业部门劳动份额的下降幅度也达到 4.250 个百分点，提高劳动收入份额，重在提高居民部门增加值份额和非金融企业部门的劳动收入份额。分阶段来看，1992～2000 年，市场化改革进程下，非金融企业部门增加值变动的组间效应为正，而部门内劳动份额的组内效应为负，政府部门劳动份额提升明显，主要源于公共部门的工资制度逐渐由计划体制转向市场体制，从业人员的各种货币性收入被纳入正式统计范畴。2001～2010 年，全国劳动份额的下降主要是各机构部门劳动份额下降的组内效应导致的，虽然住户部门劳动份额有所上升，但非金融企业部门劳动份额下降的幅度也非常明显，组间效应的分解结果基本呈现出相反的变动趋势，但变动的幅度有所缩小。2011～2019 年的分解结果为观察近年来劳动份额在机构部门间的分布情况提供了依据，全国劳动份额上升的源泉主要是各机构部门内劳动份额上升的组内效应，尤其是非金融部门劳动份额的上升，而金融企业部门、住户部门和政府部门的劳动份额变动不明显。从组间效应来看，2011～2019 年政府部门增加值占比的提高使得最终劳动份额有所上升，而住户部门增加值占比呈现下降趋势。整体来看，近年来，住户部门的增加值占比和其部门内的劳动报酬份额都呈现一定的下降趋势，但企业部门，尤其是非金融企业部门的劳动报酬份额上升明显，二者共同作用的结果是全国层面劳动份额上升 3.492 个百分点，而这或与近年来加大对劳动者保护力度有关。

为了更进一步观测最近年份劳动份额变动在不同行业间的变化，笔者使用 2012～2020 年数据再次对劳动份额的变动进行分解，并将增加值的结构变化作为纵轴、劳动份额的行业变动作为横轴，绘制如下散点图（见图 3-3）。

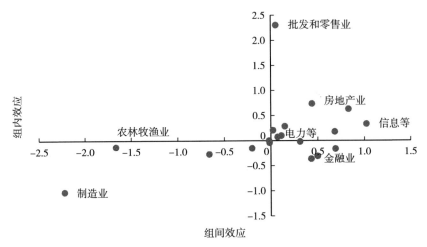

图 3-3   劳动份额变动的组内和组间效应分解（2012～2020 年）

数据来源：国家统计局发布的相关年度投入产出表。

图 3-3 表明，在 2012～2020 年，全国劳动份额的上升仍然主要是行业内劳动份额上升引致的，尤其是一些增加值占比较大的行业。行业增加值的结构变化与劳动份额变动的行业效应之间存在着显著的负相关关系，绝大多数增加值份额下降的行业同时经历了自身劳动份额的上升。偏离较远的行业有两个，分别是批发和零售业、制造业。其中批发和零售业行业内增加值份额的上升同时伴随着行业内劳动份额的上升，这些行业属于现代服务业中的重要组成部分，并且个体从业人员的比重非常高，从这个角度来讲，这些行业的增加值占比此后很可能仍将呈现上升趋势，并且支付给劳动者收入的比重更高。相较而言，制造业属于传统产业，在 2012～

2020 年，虽然该行业增加值份额呈现了较大幅度的下降，但与此同时，该行业劳动份额的下降幅度也非常明显。对于这种变化可能的解释就是在机械设备制造结构性转型的过程中淘汰了传统的手工型劳动力，制造业整体处于收缩状态，加之新型制造业虽然对高素质劳动力的需求增加，但劳动力收入整体偏低，因此其行业增加值占比出现下降，劳动份额同样下降。

五、主要结论及展望

本章对三个不同数据来源中劳动份额的基本趋势进行了分析测度，并试图从已有研究中梳理出中国自改革开放以来劳动份额变化的趋势。国民收入份额的估算对统计数据的要求很高，不同数据中的计算结果和调整方法也各有优势，但基本结论只有一个：那就是自 2010 年以来，我国劳动份额呈现出明显的逐年上升趋势，上升幅度大约为 3 个百分点。针对劳动份额的变动，按行业的分解结果表明，行业内劳动份额上升的组内效应大大抵消了增加值结构变动的组间效应，尤其是第三产业劳动份额的上升直接促进了全国劳动份额的提高，但第二产业，尤其是制造业增加值结构和行业内劳动份额的双重下降值得重视。按机构部门的分解结果同样表明，非金融部门的劳动份额上升是整体劳动份额上升的原因。

随着我国第一个百年奋斗目标全面建成小康社会如期实现，在高质量发展中推进共同富裕、全面建设社会主义现代化国家新征程的开启对国民收入分配格局提出了新的要求。本章研究显示，劳动份额在近年来呈现出显著的上升趋势，但与发达国家相比，我国劳动份额仍然低于其他国家约 10 个百分点，建立与经济社会发展水平相适应的收入分配格局，需要进一步缩小劳动和资本要素的分配差距，持续提升劳动份额也是扎实推进全体人民共同富裕取得实质性进展的关键一环。

长期以来，我国收入分配制度改革都将提高劳动者报酬份额作为重要目标，其目的是保障发展成果由人民共享，劳动者报酬份额的提高也事关扩大内需、缩小收入差距等政策选择。持续提升劳动份额，可以从构建稳定的就业空间和合理的工资分配制度两个维度着手。一方面，稳定的就业空间是居民获取劳动收入的重要途径。要不断巩固壮大实体经济，以经济高质量发展为引领打造稳定的就业渠道和工资收入来源。制造业是国民经济的根基，要以数字技术为手段推进先进制造业与现代服务业深度融合，推动战略性新兴产业高质量发展，夯实实体经济高质量发展的物质基础和发展环境。同时，以乡村产业发展为契机全面推进乡村振兴，在农村地区为低收入人口打造可持续的就业机制和收入渠道。另一方面，要持续完善按劳分配为主体、多种分配方式并存的分配制度，以健全的体制机制保障劳动报酬的合理份额。要不断健全合理的工资增长制度，不断提高最低工资标准和基本养老保障水平。规范财富积累机制，规范和引导资本健康发展，尤其是在数字经济发展浪潮中，充分保障新经济业态从业人员参与经济活动的权利及合理回报。

第四章　国民收入分配格局的
现状与国际比较[*]

国民收入分配包含初次分配和再分配两个过程,初次分配主要反映的是全社会增加值在劳动和资本两大要素之间的分配,而再分配代表了可支配收入的最终格局。经济活动的参与者按照国民经济部门的形式又可以划分为企业(非金融企业和金融企业)、政府和住户(也称居民),因此国民收入分配同样被称为部门收入分配①。按照国民收入的内涵,又可以划分为国民初次分配收入和国民可支配收入两个部分。在不同的经济发展阶段,部门收入分配的格局存在着显著的不同,厘清这三者之间的相互关系对于形成合理有序的收入分配格局具有重要意义。②

在20世纪末至21世纪初的10余年间,中国国民收入分配格局中的新变化是居民部门的收入份额逐渐下降,同时企业和政府部门的收入份额逐渐上升。居民收入份额的下降一度被认为是中国消费不足的重要原因(Kujis,2006;汪同三,2007;李扬和殷剑锋,2007)。白重恩和钱震杰(2009)研究发现,1992~2005年,居民部门的收入份额先上升后下降,

---

＊　周慧、岳希明:《中国国民收入分配格局的现状与国际比较》,发表于《国际税收》2018年第10期第30-34页,有删改。

①　部门收入分配是指国民收入在企业、政府和住户之间的分配比例及其关系。部门收入分配在一些文献也称为宏观收入分配,宏观收入分配包含了三个阶段:(1)国内生产总值在"国民"与"非国民"之间的分配;(2)国民总收入在政府、企业和居民之间的要素收入分配;(3)国民可支配收入在居民、企业和政府之间的分配(国家计委综合司课题组,1999)。

②　本章重点关注部门初次分配格局的现状和变化趋势。

与初次分配中居民部门收入份额的下降相对应，企业和政府部门在此期间分别上升 7.49 个百分点和 3.21 个百分点。但是近年来，国民收入格局呈现出一种新的变化趋势，居民收入份额开始稳步上升，但企业部门，尤其是非金融企业部门的劳动份额下降趋势愈加明显。全社会增加值在部门之间的分配状况如何，近年来有着怎样的变化趋势，以及中国部门收入分配格局与全世界其他国家相比有着什么样的特点，本章试图给出新的研究结论。

从政府、住户和企业部门的角度着手，笔者系统地考察了改革开放以来历年中国各部门间初次分配和再分配收入分配格局的变化趋势，并结合 OECD 数据库中各国部门收入分配格局与中国进行了对比分析。研究发现，2005 年以来，部门分配格局一个突出的变化就是非金融企业部门的收入份额下降明显，而金融企业部门、政府部门和住户部门的收入份额分别上升。使用 OECD 数据库中各国资金流量表计算发现，与世界主要发达国家相比，中国住户部门的收入份额仍然具有较大的增长空间，考虑到企业部门中还存在相当规模的国有企业（这也意味着企业部门增加值中的一部分同时归政府支配），因此，适当降低政府部门在初次分配中的收入份额应该成为新的发展方向。这一点与当前我国政府近年来全面实施的营业税改征增值税、降低增值税法定税率等一系列减税降费的举措不谋而合。除此以外，部门收入分配格局与经济发展水平之间没有绝对的相关关系。中国住户部门收入份额仍然偏低且金融企业部门的收入份额仍然偏高，考虑到国有企业的影响，进一步降低政府部门的生产税税负是未来提升住户部门收入份额的关键。本章的研究对于促进形成更合理、更有序的收入分配格局具有一定的意义。

一、部门收入分配结果的形成过程

部门收入分配给出了国民经济各部门之间收入份额的相对趋势，各部门间收入分配的依据是各部门的要素收入。收入法 GDP 将全社会当年度创造的增加值总量按照不同生产要素的贡献进行了划分，分为劳动者报酬、营业盈余、折旧和生产税净额。以收入法 GDP 为起点，以各部门拥有的生产资料为划分依据，上述生产要素的收入可以对应地分配给企业政府和住户三个部门。通常来讲，企业部门的要素收入主要是营业盈余和折旧，住户部门的要素收入主要是劳动者报酬，政府部门的初次分配收入来源于生产过程中的间接征税并扣减生产补贴之后的收入。由于各部门的资本存量不同，因此财产性收入也构成了部门间收入的一部分。

　　厘清部门收入分配的过程对于认识和了解国民收入分配的格局具有重要意义。根据资金流量表中资金来源和使用的对应关系，以下简要介绍各部门的收入形成过程。住户部门[①]在初次分配中获得劳动者报酬和财产净收入。除了通常意义上的家庭以外，一些国家的住户部门的主体同时还包括了非营利组织，因此，住户部门的初次分配收入中同时核算了非营利组织的营业盈余和混合收入，OECD 数据库中大多数国家的住户部门都是采用此种做法。在初次分配收入的基础上，住户部门获得来自政府部门的补贴和一般经常性转移净收入，同时支付个人所得税、其他财产税以及社会保障缴费，进而形成住户部门的可支配收入，并最终用于住户部门消费和储蓄。企业部门在初次分配中获得营业盈余和折旧[②]（包含个体经营者的混合收入）和财产净收入，同时需要支付生产税或获得政府的生产补贴。在初次分配的基础上，企业部门在支付给员工的社会保障缴费和一般经常性转移净支出，支付企业所得税和其他财产税之后，形成企业部门的可支配收入，最终用于企业部门的投资和储蓄。企业部门的收入来源于营业盈余、折旧和混合收入，通常包括金融企业部门和非金融企业部门。其中，金融企业部门绝大多数的初次分配收入是财产净收入，再次分配时支付财产税，最终用于储蓄和投资；而非金融企业部门在初次分配中支付生产税的同时获得政府的生产补贴，支付给住户劳动者报酬，同时也可以获得财产净收入，在此基础上，扣除企业部门所得税、财产税以及企业一些经常性转移支出，扣除社会保险缴费之后，形成企业部门的可支配收入，最终

---

　　① 因各国统计核算制度的差异，一些国家将非营利机构（公共管理组织）视为政府部门的组成部分，比如中国，而绝大多数 OECD 国家将非营利机构与住户部门合并核算。本章所称住户部门包含了通常所称的住户部门和其他非营利机构。
　　② 折旧通常视为对企业经营活动的一种补偿，与营业盈余一起作为企业部门的收入。

用于投资和储蓄。政府部门在初次分配中获得生产税净额和财产净收入，支付给住户部门劳动者报酬。在初次分配的基础上，政府部门征收所得税和财产税，同时对居民部门进行补贴和一般经常性转移，形成政府部门可支配收入，并最终用于政府消费和储蓄。

二、部门收入分配的现状与国际比较

1. 中国部门收入分配格局的变化趋势

以下给出中国历年部门收入分配格局的计算结果，并结合收入分配制度讨论 1978～2019 年不同时期部门收入份额的变动趋势及其原因（见表 4-1）。

表 4-1　　　　　　　中国历年部门收入分配格局　　　　　　单位：%

年份	初次分配总收入				可支配收入			
	非金融企业	金融企业	政府	住户	非金融企业	金融企业	政府	住户
1978	26.88	0.80	20.71	51.62	15.12	-0.53	32.97	52.44
1979	23.57	0.58	21.57	54.28	14.48	-0.45	29.20	56.77
1980	20.58	0.46	22.18	56.78	11.06	-0.61	29.74	59.82
1981	20.04	0.39	21.77	57.79	12.16	-1.02	27.36	61.50
1982	15.66	0.78	23.91	59.65	8.52	-0.38	28.76	63.10
1983	14.97	1.08	24.32	59.63	8.40	-0.11	28.41	63.29
1984	13.99	1.24	24.68	60.1	7.35	0.08	28.98	63.59
1985	14.38	1.25	24.52	59.85	6.91	-0.22	30.09	63.21
1986	11.80	1.57	25.45	61.17	6.45	0.03	29.40	64.13
1987	8.79	1.76	25.72	63.73	4.81	0.03	28.51	66.64
1988	9.97	1.80	23.39	64.84	6.77	0.33	25.53	67.37
1989	9.43	3.13	22.18	65.27	6.53	1.72	24.12	67.64

续表

年份	初次分配总收入				可支配收入			
	非金融企业	金融企业	政府	住户	非金融企业	金融企业	政府	住户
1990	7.89	2.88	20.42	68.8	5.19	1.84	22.14	70.83
1991	8.99	2.46	21.05	67.5	6.62	1.54	22.05	69.79
1992	14.94	2.44	16.57	66.06	11.54	1.89	17.87	68.70
1993	17.64	2.46	17.29	62.61	16.25	1.87	17.15	64.72
1994	16.1	1.68	17.08	65.15	16.96	1.64	14.51	66.88
1995	17.61	1.93	15.22	65.25	17.80	1.89	14.13	66.18
1996	15.33	1.57	16.62	66.48	14.70	1.71	14.57	69.02
1997	15.93	0.96	17.08	66.02	16.45	1.26	14.28	68.00
1998	15.53	0.66	17.74	66.06	16.55	0.92	14.21	68.31
1999	16.78	1.03	17.15	65.05	17.71	1.48	14.13	66.68
2000	18.29	0.66	17.65	63.39	18.86	0.52	14.53	66.09
2001	19.54	0.66	18.5	61.31	19.44	1.15	15.02	64.39
2002	18.98	1.33	19.14	60.54	19.53	1.60	16.26	62.62
2003	18.84	2.09	19.37	59.7	19.79	2.09	16.12	62.00
2004	24.30	1.69	16.34	57.68	22.40	1.84	16.62	59.13
2005	21.64	1.55	17.45	59.37	22.14	1.57	17.41	58.89
2006	21.15	2.00	17.9	58.95	22.16	1.53	17.94	58.37
2007	21.32	2.24	18.3	58.13	22.73	1.20	18.81	57.26
2008	22.34	2.91	17.52	57.23	23.26	1.24	18.31	57.19
2009	21.53	3.2	14.58	60.69	21.79	1.97	17.56	58.68
2010	20.86	3.65	14.99	60.5	21.29	2.35	17.96	58.40
2011	23.39	2.38	15.06	59.17	20.02	1.92	18.79	59.27
2012	22.28	2.47	15.49	59.77	18.87	1.71	19.24	60.18
2013	20.72	3.41	15.22	60.66	17.20	2.57	18.94	61.29
2014	21.27	3.4	15.24	60.09	18.03	2.47	18.85	60.65
2015	19.76	4.4	14.95	60.89	16.51	3.31	18.55	61.64
2016	19.17	5.08	14.46	61.28	16.01	4.00	17.89	62.10
2017	20.40	5.01	14.03	60.56	16.97	4.23	17.96	60.85

年份	初次分配总收入				可支配收入			
	非金融企业	金融企业	政府	住户	非金融企业	金融企业	政府	住户
2018	22.39	3.64	12.79	61.19	19.02	2.81	18.73	59.43
2019	22.37	3.54	12.67	61.42	19.16	2.71	17.81	60.30

注：可支配收入＝初次收入分配＋／－经常转移。其中，经常转移包括（1）所得税、财产税等经常税；（2）社会保险缴款；（3）社会保险福利；（4）社会补助；（5）其他经常转移。

数据来源：1992 年之前的数据来源于国家统计局。1992～2013 年的数据为 2011 年国家统计局修订后未公开的资金流量表数据，2014 年及之前的数据来源于相关年度《中国统计年鉴》资金流量表（实物交易）或（非金融交易）。

（1）1978～1990 年：非金融企业部门收入份额的下降与住户部门收入份额的增加。

改革开放前，中国的收入分配制度长期以来都贯彻执行的是"绝对平均主义"。党的十一届三中全会确立了"按劳分配"的主张，并在农村地区率先推广了农村家庭联产承包责任制，对于农村经济的发展和农民收入水平的提高发挥了巨大的作用。随着市场调节机制的逐步引入，在收入分配方面，正式提出了克服平均主义，推进落实按劳分配，逐步确立以按劳分配为主体、其他分配形式为补充的分配制度。1984 年开始对城镇职工工资制度进行改革，充分体现"多劳多得、少劳少得"，并且逐步建立了企事业单位和行政机关的工资增长机制。由于农业部门的营业盈余在当时全部核算为劳动者报酬，受这一时期收入分配制度改革的影响，企业部门（尤其是非金融企业部门）支付的劳动者报酬开始增加，留存利润开始逐步下降，企业部门收入份额也下降明显，从 1978 年的 26.88% 下降至 1990 年的 7.89%。而住户部门的收入份额则呈现出稳步上升的趋势，从 1978 年的 51.62% 上升至 1990 年的 68.8%，非金融企业部门下降的收入份额几乎全部转化为住户部门增长的收入份额。这一时期金融企业部门的收入份额整体占比较小，但也呈现出显著的增长趋势；受到两部"利改税"政策的影响，政府部门的收入份额在 1982～1988 年有一定的增长，但在 1990 年回落至 1978 年的初始状况。

在初次分配收入的基础上，政府通过对非金融企业和金融企业的利润上缴以及所得税征收，一定程度上实现了政府部门可支配收入份额的提升，且政府部门收入份额增量的绝大部分来源于企业部门。国有企业两步"利改税"，将国家与企业之间的利润分配关系予以法律确定，确保了国家财政收入的稳定增长，是我国社会主义市场经济建设初期的重要举措。这一时期，除了国有企业的企业所得税以外，对集体企业以及逐渐发展起来的私营企业年度所得也都明确了政府参与收入分配的基本权利。自此，企业所得税成为财政再分配的重要手段，除了直接成为政府部门的公共投资和转移支付资金以外，一部分资金也直接用于住户部门的经常转移，对于不同时期住户部门收入差距的缩小贡献了重要力量。市场经济的探索实现了个人收入的差异化，为了合理调节收入分配水平，我国于1980年正式开始征收个人所得税，征税对象主要涉及国有企业、集体企业、事业单位和城乡个体工商户，类别包括奖金税、工资调节税、所得税以及个人收入调节税等。但受限于当时工资总体水平不高，且社会保障仍大部分依靠地方政府，故政府对住户部门的经常性转移在大多数年度为正，因而住户部门的可支配收入份额高于其初次分配收入份额。

（2）1991~2000年：企业部门收入份额的稳步增加与政府和住户部门收入份额的稳步下降。

1992年党的十四大以来，随着社会主义市场经济体制的逐步确立和完善，中国经济进入新的发展阶段。在市场经济的大环境下，全国经济建设全面开展，商品价格大幅度上升，加之企业税负的相对减轻，这一时期，非金融企业部门的收入份额开始呈现出稳步的增长趋势，从1991年的8.99%上升至2000年的18.29%，增长幅度超过100%。受到1998年爆发的亚洲金融危机的影响，金融企业部门的收入份额经历了骤降，虽然此后逐渐恢复至正常水平，但这一时期金融企业部门的收入份额整体有所回落。1994年的分税制改革对于政府部门收入份额的影响比较微弱，但是与1991年相比，政府部门的收入份额整体呈现出稳步下降的趋势，从1991年的21.05%下降至2000年的17.65%，下降了2.4个百分点，说明这一时期的税制改革对于促进社会主义市场经济的发展起到了一定的作用。由于企业经济效应的增长快于职工收入水平的增长，因此这一时期的住户部门收入份额也呈现出稳步下降的趋势，从 1991 年的 67.5% 下降至 2000 年的 63.39%，降幅达到 4.11 个百分点。

这一时期，无论是金融企业还是非金融企业，其在国民收入中的可支配收入份额与初次分配收入份额差别都相对较小，表明企业部门获得了非常稳定的发展。社会主义市场经济体制的建立，为了充分激发市场主体活力，鼓励企业扩大再生产，对内外资企业给予了不同程度的税收优惠，因而企业所得税的贡献对国民可支配收入格局的影响极小。甚至在一些年度，企业部门可支配收入份额高出其初次分配收入份额，这也意味着企业部门获得了远高于其所缴纳所得税的政府补贴。企业部门的发展一定程度上对政府部门和住户部门的收入份额形成挤压。1994 年分税制改革之后，政府部门的可支配收入份额长期维持在 14% 左右，而居民部门的收入份额下降明显，从最高时期的 1990 年的 70.83% 逐步下降至 2000 年的 66.09%。虽然居民部门持续受到来自政府部门的正向经常转移，居民部门可支配收入份额仍然较前期呈现出下降趋势。

（3）2001~2004 年：企业部门收入份额的上升与住户部门收入份额的下降。

进入 21 世纪以来，住户部门收入的下降成为全社会关注的重大问题，住户部门的初次分配收入份额在 2004 年仅占全社会初次分配收入的 57.68%，可支配收入份额也只占 58.89%。由于住户部门的绝大多数收入都来源于劳动者报酬，这一分配格局也反映了劳动者在收入格局中处于不利的地位。而自 2001 年底我国加入世界贸易组织，出口增长连续 6 年保持在 20% 以上，在投资和出口强劲带动下，我国经济增长率连续 5 年保持在两位数以上，这一时期企业经济效益不断改善，企业部门的增加值占比不断增加。与此同时，为了扩大内需，央行数次下调贷款，较低的贷款利率不仅降低了住户部门的财产净收入，同时企业利息支出逐渐减少，最终的结果就是企业部门的收入份额逐年上升，在 2004 年当年占全社会初次分配总收入的比重达到 24.3%，基本等同于改革开放初期的水平。这一时期，金融企业部门和政府部门的收入份额也呈现出缓慢的增长趋势，长此以往，对住户部门收入份额的挤压将更严重。当然，住户部门收入份额的显著下降也与中国国民经济统计核算制度的调整相关，2004 年第一次国民经济普查之前，自营者的收入全部记为劳动者报酬，而 2004 年之后，对自营者中非农户自营者，其自营者收入全部记为营业盈余，而农业自营者的收入仍然全部记为劳动者报酬（国家统计局，2004）。

（4）2005~2010 年：住户部门收入的逐渐回升与政府部门收入的逐渐下降。

2005 年之前住户部门收入份额的下降的事实被大多数文献所确认（白重恩和钱震杰，2009；李稻葵等，2010），并且研究认为劳动份额的下降自 20 世纪 90 年代开始。资本收入份额的逐渐上升会带来收入分配不均的严重后果，也是中国个人收入差距扩大的重要原因（蔡昉，2005；李实，2007）。为了调整全社会收入分配格局，深化收入分配制度改革，2007 年，党的十七大报告明确提出要"调整国民收入分配结构，增加居民收入"，使得住户部门收入份额有所回升，但整体增幅不明显，到 2010 年住户部门收入份额占比约为 60.5%，仅比 2005 年增长了 1.13 个百分点。但这一期间，政府部门的收入份额逐渐下降，从 2005 年的 17.45% 下降至 2010 年的 14.99%，降幅为 2.46 个百分点。下降的政府部门收入份额一部分被住户部门所吸收，一部分转变为金融企业部门的收入份额，非金融企业的收入份额在这一时期相对稳定，变化幅度较小。与企业部门逐步增长的初次分配和可支配收入份额相比，住户部门的收入份额仍然较改革开放初期低出相当水平，而且值得重视的是，伴随着社会保障制度的逐步完善，政府部门在再分配过程中对住户部门的经常转移开始呈现出平衡状态。从这一时期国民收入分配格局的整个态势来看，国民收入初次分配格局和国民收入可支配收入分配格局基本不变，这也意味着政府再分配对国民收入分配格局的影响程度相对有限。

（5）2011~2019 年：基本形成稳定的国民收入分配格局。

虽然住户部门收入份额的下降引起决策制定者和研究人员的普遍关注，一系列政策的着力点均在于提高住户部门收入份额，但从结果来看，住户部门收入份额的上升却不明显，因此，2012 年，党的十八大报告又提出"调整国民收入分配格局，加大再分配调节力度；提高居民收入在国民收入分配中的比重，提高劳动报酬在初次分配中的比重"，这是政策对居民收入份额的直接要求，因此近年来住户部门收入又有所增加，但整体仍然稳定在60%左右的水平。而与此同时，非金融企业部门的收入份额呈现了一定幅度的下降，从2011年的23.39%下降至2016年的19.17%，降幅达到4.22个百分点；金融企业部门的收入份额显著上升，从2011年的2.38%上升至2016年的5.08%，上升幅度为2.7个百分点，因此，企业部门的合计收入份额也基本维持在25%。这一时期，政府部门的收入份额也相对稳定，基本保持在15%左右。上述结果表明，我国现阶段已经基本形成了相对稳定的国民收入分配格局。2017年，党的十九大报告要求"坚持按劳分配原则，完善按要素分配的体制机制，促进收入分配更合理、更有序；坚持在经济增长的同时实现居民收入同步增长、在劳动生产率提高的同时实现劳动报酬同步提高"。随着宏观经济增速的逐渐放缓以及一系列减税降费政策的实施，可以预期的是下一阶段的部门收入份额格局将更加偏向于劳动收入，住户部门的收入份额将有所提高，而政府部门的收入还将有所下降。

这一期间，政府部门可支配收入的份额较初次分配收入份额有所上升，其中绝大多数来源于企业部门，尤其是非金融企业部门所得税的转移。政府再分配政策力度的加大，尤其是对住户部门经常性转移的增加，一定程度上实现了住户部门可支配收入的稳步增长，但整体来看，住户部门可支配收入份额和初次分配收入份额相比差别不大。当前，我国已经开启全面建设社会主义现代化国家新征程，以现代化建设为宗旨，在高质量发展中逐步实现共同富裕，除了在初次分配环节要注重提高劳动所得以外，再分配环节要以个人所得税综合分类改革为契机，强化对高收入人群的税收征管力度，更大程度发挥政府对低收入人群的社会保障和财政补贴力度，以最终实现住户部门可支配收入份额的稳步提升。

图4-1和图4-2分别给出了中国历年部门初次分配收入和可支配收入分配格局，是针对表4-1内容的更直观展示。可以发现，从初次分配总收入的变化格局来看，自改革开放以来，企业部门的收入份额整体经历了大幅下降到缓慢回升再到基本稳定的变化趋势，其中非金融企业部门的收入份额呈现出先下降后逐渐增加的态势，而在近年来，非金融企业部门的初次收入份额又略微有所下降；金融部门的收入份额虽然在部分年份有所下降，但整体呈现出显著的增长趋势。政府部门的收入份额先增加然后

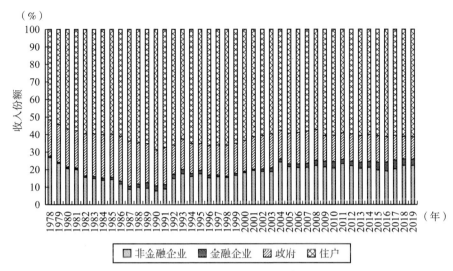

图 4 - 1　中国部门初次分配收入分配格局（1978 ~ 2019 年）

数据来源：1992 年之前的数据来源于国家统计局《中国历史年份资金流量表编制方法说明（1978 - 1991 年）》。1992 年以后的数据来源于相关年度《中国统计年鉴》资金流量表（实物交易）或（非金融交易）。

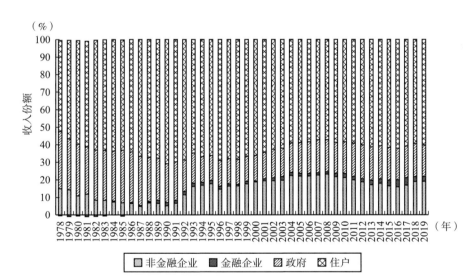

图 4 - 2　中国国民可支配收入分配格局（1978 ~ 2019 年）

数据来源：1992 年之前的数据来源于国家统计局《中国历史年份资金流量表编制方法说明（1978 - 1991 年）》。1992 年以后的数据来源于相关年度《中国统计年鉴》资金流量表（实物交易）或（非金融交易）。

稳定下降，近年来，政府部门的收入份额基本维持在15%左右；而住户部门的收入份额经历了先增加然后缓慢回落再到基本稳定的变化趋势，自2001年以来，住户部门的收入份额长期维持在60%左右的水平。

从可支配收入分配格局来看，从改革开放以来，我国住户部门收入份额基本呈现出先增加后下降的发展趋势，近年来，住户部门收入份额逐步趋于稳定。非金融企业部门收入份额在改革开放后的一段时期经历了快速上涨，但伴随着政府再分配政策体制的完善，所非金融企业部门对政府部门的所得税转移使得最终国民可支配收入份额中非金融企业的收入有所下降，与此相伴随的是政府部门收入份额的快速上涨。在21世纪初期的一段时期内，政府部门对非金融企业和住户部门的可支配收入份额形成了双重挤压态势，这一趋势到2010年后逐渐缓解。金融企业部门可支配收入份额始终较低，近年来有所增加，但始终维持5%左右的水平。整体来讲，与国民初次收入分配格局类似，近年来，我国住户、企业、政府部门的国民可支配收入分配格局也基本维持在相对稳定的水平。

2. 国民收入分配格局的国际比较

各国资金流量表（非金融交易）的数据来源于OECD数据库中的国民收入账户，数据库提供了40余个国家分部门资金流量的信息，由于各国资金流量表核算制度的差异，各国起始年份差异很大，其中绝大多数OECD的国家在1990年左右都建立了相应的核算制度，中国官方公布的资金流量表始于1992年，而一些国家仅在近年来才开始对分部门的资金流量信息进行统计核算，比如俄罗斯、哥斯达黎加和土耳其等。虽然OECD数据库已经对各国的原始统计进行了对应的调整以保障数据的可比性，但在资金流量表的数据结构上仍然存在一些细微的差异，比如对非营利机构组织的核算。在《中国统计年鉴》对应的资金流量表数据中，非营利机构组织的资金均通过政府部门进行核算，原因在于这些机构在中国大多数都是事业单位或者政府代管的协会，而大多数OECD国家将为住户部门服务的非营利机构组织的资金与住户部门进行合并计算。尽管核算口径上存在差异，但数据库中仍然提供了各国住户和为住户部门服务的非营利机构组织汇总之后的合并数，因此本部分国际比较中的住户部门实际上是传统意义上的住户部门和为住户部门服务的非营利机构组织汇总的结果。

基于 OECD 数据库的相关信息，图 4 – 3 给出了 2015 年各国部门收入分配格局的计算结果（按照住户部门收入份额从低到高排序），① 从中可以得到以下几个结论。（1）中国住户部门的收入份额仍然偏低。2015 年我国住户部门收入份额为 60.89%，位列倒数第四，略高于挪威（55.47%）、瑞典（57.67%）和俄罗斯（60.60%），而同时期欧盟 28 国的平均水平为 70.89%，差距达到 10 个百分点；（2）与世界其他国家相比，中国企业部门的收入份额偏高。如果按照非金融企业部门的收入份额排序，中国（19.76%）为第四名，仅低于日本（23.56%）、韩国（21.77%）和荷兰（20.72%）；按金融机构部门收入的排序同样是第四名，与澳大利亚、希腊和南非一起均属于金融部门收入份额超过 4% 的国家。而同时期欧盟 28 国非金融企业部门和金融机构企业部门收入份额的平均水平分别为 14.50% 和 1.4%，因此，企业部门的收入份额又相对偏高，总计高出约 10 个百分点。（3）政府部门的收入份额相对适中，2015 年我国政府部门的收入份额为 14.94%，同时期欧盟 28 国的平均水平为 13.21%，基本没有太大的差异。我国企业部门中的一部分是国有企业，虽然从数量上看国有企业的占比不到 10%，但国有企业的收入和利润却占了 30% 左右，国有企业创造的增加值同样归属于政府部门支配，因此广义上的政府收入份额应该是远高于 15% 的。为了提升住户部门的收入份额，不仅需要提高劳动者报酬占增加值的比重，增加住户部门财产性收入的占比，相应地降低政府部门征收的生产税税收，降低政府部门的收入份额也具有一定的可操作性。这一点与当前我国正在大面积实施的"营业税改征增值税"、降低增值税法定税率等一系列减税降费的举措不谋而合。

---

① 爱尔兰住户部门收入份额在 2014～2015 年出现了骤降，2014 年为 58.83%，2015 年为 49.83%。通常来讲，一国部门收入份额的变动具有相对稳定性，为了避免结果的干扰，故删除了爱尔兰的数据。

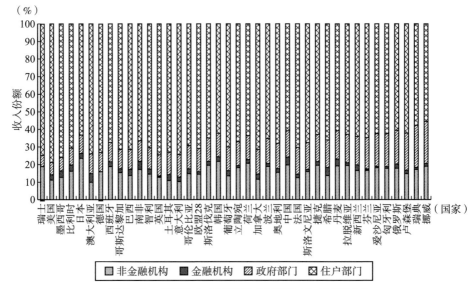

图4-3 部门收入分配格局的国际比较（2015年）

数据来源：OECD数据库。

为了更进一步展示各国部门要素收入与经济发展水平之间的关系，以各国人均GDP水平为横轴，以住户部门收入份额为纵轴绘制图4-4。可以发现，中国住户部门的收入份额不仅低于同等发展水平的国家，比如南

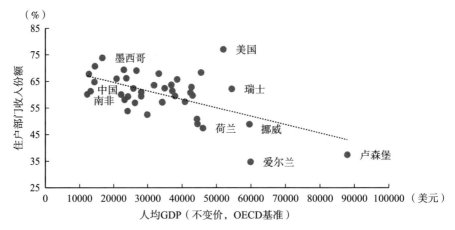

图4-4 住户部门收入份额与经济发展水平之间的关系（2015年）

数据来源：OECD数据库。

非、哥伦比亚和墨西哥等，同时也低于经济发展水平高于中国的大多数国家和地区。从长远的角度看，中国住户部门收入份额仍然具有较大的提升空间。

三、部门收入分配格局的变动幅度

上述内容对于我们了解和认识中国部门收入分配的现状以及与主要发达经济体相比的差异提供了足够的信息，但仍有一个非常重要的内容需要厘清，那就是近年来各国部门收入份额的变动趋势如何，中国部门收入份额的变动与主要发达经济体之间有哪些异同。表 4 - 2 给出了 2005 ~ 2015 年各国部门收入份额变动幅度的计算结果，按照住户部门收入份额的变动排序。由于部门国家资金流量表数据期间的限制，最终的样本规模为 36 个国家。

表 4 - 2　　　　2005 ~ 2015 年各国初次分配收入份额的变动幅度　　　　单位：%

国家	非金融机构	金融机构	政府部门	住户部门	国家	非金融机构	金融机构	政府部门	住户部门
希腊	- 0.05	2.55	4.8	- 7.3	荷兰	1	- 0.48	- 0.07	- 0.45
匈牙利	2.82	- 0.55	3.75	- 6.02	墨西哥	0.71	1.08	- 1.36	- 0.42
立陶宛	4.97	0	0.28	- 5.24	智利	1.72	1.58	- 2.93	- 0.37
西班牙	5.52	0.5	- 1.37	- 4.66	法国	0.41	- 0.54	0.38	- 0.25
波兰	3.4	1.18	- 0.3	- 4.28	英国	- 1.91	- 0.18	1.73	0.36
新西兰	0.9	1.27	0.9	- 3.08	丹麦	0.33	1.59	- 2.37	0.45
韩国	2.53	0.49	- 0.44	- 2.57	美国	- 1.63	0.72	0.35	0.56
德国	2.68	- 2.05	1.92	- 2.55	中国	- 5.59	2.62	0.91	2.05
奥地利	1.13	0.37	0.92	- 2.41	挪威	- 4.71	- 0.02	2.6	2.13
葡萄牙	4.22	- 0.99	- 1.01	- 2.22	芬兰	- 3.6	- 0.16	1.23	2.53
南非	1.46	0.72	- 0.15	- 2.03	爱沙尼亚	- 5.99	- 1.05	3.4	3.64

续表

国家	非金融机构	金融机构	政府部门	住户部门	国家	非金融机构	金融机构	政府部门	住户部门
哥伦比亚	-0.75	0.79	1.92	-1.96	瑞士	2.29	-6.71	0.7	3.72
意大利	-0.17	0.45	1.47	-1.75	巴西	-0.63	-0.59	-2.8	4.02
日本	1.32	-1.12	0.89	-1.1	澳大利亚	-2.25	0.57	-0.68	4.04
比利时	0.79	-0.22	0.48	-1.05	瑞典	-2.92	-0.83	-0.2	4.29
捷克	-0.11	0.38	0.67	-0.95	加拿大	-5.08	-0.28	1.04	4.33
拉脱维亚	1.64	-1	-0.06	-0.58	卢森堡	-6.52	-3.28	2.46	7.34
斯洛文尼亚	1.8	-1.07	-0.23	-0.49	欧盟28	0.98	-0.88	1.13	-1.22
斯洛伐克	2.12	0.89	-2.53	-0.47	样本均值	0.08	-0.12	0.47	-0.38

　　平均来看，36 个国家部门要素份额的变动比较小，住户部门和企业部门的收入份额同向转移到了政府部门，虽然变动幅度不足 0.5 个百分点，但各国之间的差异明显；欧盟 28 国的国民收入份额中呈现出非金融部门向金融部门、住户部门向政府部门转移的趋势。2/3 的国家，住户部门收入份额在 2005～2015 年呈现出显著的下降，其中，希腊的降幅最大，达到 7.3 个百分点，匈牙利和立陶宛次之，再次是西班牙、波兰和新西兰，降幅也超过 2 个百分点。在住户部门收入份额下降的国家中，绝大多数国家的非金融企业部门的收入份额均有所上升，政府部门收入份额的变动没有明显的趋势，但住户部门收入份额降幅较大的国家较政府部门收入份额增加的国家更多。还有接近 1/3 的国家住户部门收入份额在 2005～2015 年呈现出不同程度的上升，增幅最大的国家是卢森堡，上升幅度为 7.34 个百分点，其次是加拿大、瑞典、澳大利亚和巴西，增幅也超过 4 个百分点，中国住户部门收入份额的上升幅度为 2.05 个百分点，美国为 0.56 个百分点。在住户部门收入份额上升的国家中，以卢森堡、爱沙尼亚、中国和加拿大四国非金融企业部门收入份额的降幅最大，降幅超过 5 个百分点；瑞士金融企业的收入份额占比下降 6.71 个百分点，卢森堡次之，下降幅度为 3.28 个百分点，仅中国和丹麦金融企业部门的收入份额显著增加，增幅分别为 2.62 个百分点和 1.59 个百分点；大多数政府部门

的收入份额都有一定幅度的增加，仅巴西和丹麦有比较明显的下降，降幅分别为 2.8 个百分点和 2.37 个百分点。与其他主要发达经济体相比，中国住户部门收入份额的增长幅度仍然偏低，而金融企业部门的收入份额的增幅又过快。

四、主要结论及建议

基于《中国统计年鉴》和 OECD 数据库各国资金流量表的相关数据，本章系统地展示了 1978～2019 年中国部门间收入份额的变化趋势，并使用 2015 年的数据对各国部门收入份额的现状进行了对比分析。改革开放以来，中国部门收入分配格局已经基本趋向稳定，尤其是在进入 2010 年之后，企业、政府和住户的收入份额之比基本维持在 25：15：60。上述结果表明，自 20 世纪 90 年代中期开始，一直持续到 21 世纪初期的住户部门收入份额下降的趋势已经基本得到缓解。与世界主要发达经济体相比，中国住户部门的收入份额仍然偏低，2015 年欧盟 28 国企业、政府和住户的收入份额之比接近 15：15：70。除了住户部门收入份额偏低以外，中国企业部门（尤其是金融企业部门）的收入份额同样偏高，非金融企业部门虽然在各国部门收入份额中的份额相对较小，但中国的 4.4% 仍然较欧盟 28 国的平均值（1.4%）高出约 3 个百分点。金融部门收入份额的偏高与当前中国金融行业利润高紧密相关，较高的存贷款利率差带来了住户部门和非金融企业部门收入份额的双重抑制。此外，虽然中国政府部门收入额与主要发达经济体之间的差异较小，但是考虑到企业部门的增加值有较高的比例来源于国有企业，而这一部分资金严格来讲也归政府支配。因此，从长远的角度来看，为了缩小我国住户部门收入份额与世界其他主要发达经济体之间的差距，进一步降低政府部门的实际收入份额具有重要的现实意义。

第五章　国民收入分配与有效税率[*]

　　本章系统地梳理了国民收入分配与有效税率的理论关系，并基于 OECD 数据库资金流量表的国民收支数据，测算了消费、劳动和资本三大税基有效税率的结果。研究发现，与世界主要发达国家相比，我国消费有效税率相对较高，资本有效税率适中，而无论是否包含社会保险缴费，劳动有效税率都明显偏低。从趋势上看，2008 年以来，我国消费有效税率呈现下降趋势，资本和劳动有效税率的变化不大。为了更好地发挥税收和社会保障的收入再分配效应，建议在下一阶段应注重提高劳动平均有效税率，尤其是加强对高收入群体的个人所得税征管；同时，适当增加城乡居民社会保险的缴费或政府补助水平。

　　税收和补贴是政府参与国民收入分配最重要的两个要素，在国民收入分配的不同阶段，政府参与的方式也存在明显的不同。其中，国民收入初次分配环节政府参与的方式主要是征收生产税，并对企业进行生产补贴，而国民收入再分配环节主要是征收所得税和财产税，并通过发放养老金和低保等形式对住户进行转移支付。度量政府参与国民收入分配的力度，一个重要指标是税收负担。宏观税负通常使用各税种的税收收入占总产出（GDP）的比重来衡量，展示了在整个经济的总产出中政府享有的份额。然而，使用宏观税负进行国际比较往往争议很大，尤其是这一指标无法考虑各国税制结构和财

　　* 原刊于周慧、邵桂根、卢成：《国民收入分配与有效税率》，《经济社会体制比较》2020 年第 3 期第 153 ~ 162 页，有删改。

政体制的差异。在宏观税负水平基本一致的情况下，税收来源于直接税还是间接税对企业和居民行为的影响是完全不同的。另一种测算税收负担的指标就是有效税率，用每单位税基所负担的税负来度量，虽然不同税种的课税依据不同，但税基却只有三大类——消费、劳动和资本。因此，无论一国税收收入是以间接税为主还是以直接税为主，最终税收都是依靠三大税基而筹集的，从而可以基于每单位税基承担的税款来测算全社会的税收负担规模。

　　基于每单位税基承担税款来度量有效税率的研究最早可以参见门多萨等人（后续的研究多称门多萨方法），其论文将国民收入数据和税收数据相结合，测算了 1965 ~ 1988 年西方七国的劳动、资本和消费的有效税率（Mcndoza et al.，1994）。使用门多萨方法测算有效税率时假定住户部门的劳动和资本收入承担了同等比率的税收，并且没有对自营者的混合收入进行调整。在个人所得税实行综合课征的国家，可以认为住户部门劳动和资本收入的有效税率基本相同，因此凯里和基林古瑞安（Carey and Tchilinguirian，2000）、凯里和拉贝森（Carey and Rabesona，2002）只对门多萨方法中自营者收入的核算方法进行了修正，并据此计算 OECD 国家的有效税率。在国内的研究中，刘溶沧和马拴友（2002）较早地使用门多萨方法测算了我国劳动、资本和消费的有效税率，类似的研究还可以参见刘初旺（2004）、李芝倩（2006）以及吕冰洋和陈志刚（2015）等的研究。

　　对三大税基有效税率的测算需要明确两个因素：其一是三大税基负担的税收收入总额，其二是三大税基的收入或支出规模。在门多萨有效税率的测算方法中，实际上是将直接税与劳动和资本收入类税基进行对应，而间接税与最终消费支出类税基对应，但三大税基总额和对应的税收总额来源于不同的数据（税收的数据来源于 OECD 的税收统计，而收入和消费的数据来源于各国资金流量表）。除了凯里等人提到的自营者混合收入难以拆分的问题以外，由于各国税收制度的不同，将分税种税收收入进行加总以推算三个税基承担的税收总额同样存在一定的问题。以劳动有效税率的测算为例，刘溶沧和马拴友（2002）将个人所得税、农牧业税[①]和社会保

---

① 农牧业税是农业税、牧业税、耕地占用税、农林特产税和契税的总称（国家税务总局，2001），2006 年已全面取消农业税。

险基金缴款认为是对劳动收入的课税；刘旺初（2004）和李芝倩（2006）虽然都对个人所得税进行了拆分①，将来源于劳动的个人所得税视为对劳动收入的征税，但前者同样将农牧业税视为对劳动收入的征税，后者则认为只有农业税和牧业税是属于对劳动的征税。吕冰洋和陈志刚（2015）虽然对自营者的生产经营所得缴纳的个人所得税进行了劳动和资本的分类，但也将农业税、农林特产税、畜牧业税等视为劳动收入税收。加之在1994年前，我国实行的是生产型增值税，购买固定资产的增值税不能进项抵扣，所以增值税需要在资本和消费之间分摊，结果因分摊方法而不同。由此可以看出，因各国税种的差异带来了同一税基对应税收规模的不同，有效税率计算的结果也因此产生差异。如果没有统一的计算口径，按照每单位税基承担的税负计算出来的有效税率仍然存在较大争议，更何况来源于税收统计的税收规模和来源于资金流量表的税基总额还存在口径不完全一致的问题。

在以往研究的基础上，本章基于资金流量表的国民收支数据对各国消费、劳动和资本三大税基有效税率进行了再次测算，虽然核心思想都是计算每单位税基承担的税负水平，但有显著的改进。首先体现在理论背景上，我们梳理了国民收入分配与有效税率之间的逻辑关系，有效税率其实度量了政府参与不同阶段国民收入分配的力度。具体来讲，国民收入初次分配中的政府参与是征收间接税（即生产税净额），而间接税最终是通过消费者购买消费品来实现的，因此初次分配中的政府参与力度可以用每单位消费品承担的间接税税款来度量（即消费有效税率）。国民收入再分配中，政府对住户和企业部门征收所得税和财产税等直接税，税基是对应的劳动收入（劳动者报酬）和资本收入（营业盈余和财产收入等），政府参与的力度可以用劳动和资本有效税率来度量。其次是关于三大税基和对应负担的税收规模。在门多萨的研究中，需要将国民收入核算账户和税收统计数据相结合以测算有效税率，尤其是税收收入往往需要分税种加总，口径不完全一致就会带来较大的计算误差。本章的数据全部来源于资金流量表，结合间接税和直接税总额以及各部门收入的详细信息可以直接给出三

___

① 刘旺初（2004）和李芝倩（2006）都假定来源于劳动收入和资本收入的个人所得税与家庭收入中工资薪金类劳动收入和经营净收入等资本收入所占的比例完全相同。

大税基有效税率的计算结果。其中，消费与间接税（生产税净额）对应，所得税分别与劳动收入（劳动者报酬）和资本收入（营业盈余和财产收入等）一一对应，核算口径更加统一。

在系统地理顺国民收入分配与有效税率理论关系的基础上，基于 OECD 数据库资金流量表的国民收支数据，笔者测算了消费、劳动和资本三大税基的有效税率。研究结果发现，与世界主要发达国家相比，我国消费有效税率相对较高，资本有效税率适中，而无论是否包含社会保险缴费，劳动有效税率都明显偏低。从趋势上看，2008 年以来，我国消费有效税率呈现下降趋势，资本和劳动有效税率的变化不大。为了更好地发挥税收和社会保障的收入再分配效应，建议在下一阶段提高劳动平均有效税率，尤其是加强对高收入群体个人所得税征管；同时，适当增加城乡居民社会保险的缴费或政府补助水平。

一、国民收入分配与有效税率测算的理论分析

在国民经济核算中，机构部门通常有五个，即非金融企业部门、金融机构部门、政府部门、为住户服务的非营利机构部门和住户部门。值得说明的是为住户服务的非营利机构的归属。一些国家的资金流量表只给出了住户和为住户服务的非营利机构的合计数，而没有单独区分，比如加拿大、瑞士和中国等。以中国为例，2017 年 8 月 13 日《中国国民经济核算体系（2016）》出台之后才开始将为住户服务的非营利机构单独作为一个部门核算。从单独核算的国家来看，为住户服务的非营利机构部门增加值占整体增加值的比重大多在 2% 以下，因此对最终结果的影响有限。为了保证计算口径的一致，遵循大多数国家的统计方法，本章将住户和为住户服务的非营利机构的合计数统称为住户部门。

以收入法 GDP 为起点，全社会的增加值由劳动者报酬、生产税净额、折旧和营业盈余构成。其中，劳动者报酬是住户部门初次分配的主要收入来源，生产税净额是政府部门初次分配的主要收入来源，折旧和营业盈余是企业部门初次分配的主要收入来源。因资本存量不同，各部门初次分配

中还包含了财产净收入（或支出）。如果按照要素构成来划分，各部门的财产净收入和营业盈余（含折旧）加总构成了资本收入总额，住户部门的劳动者报酬构成了劳动收入总额。在初次分配收入的基础上，通过财产税、所得税、社会保障缴款和福利以及社会补助等政府再分配手段的调节之后，最终形成各部门的可支配收入。图 5-1 给出了各部门初次分配收入和可支配收入形成的过程。

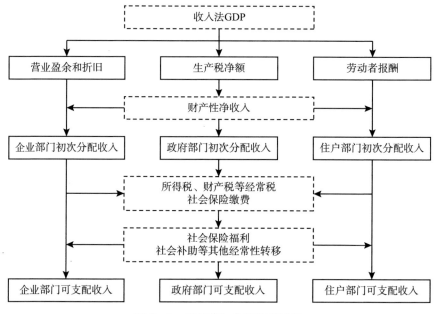

图 5-1　国民收入分配形成过程

　　厘清国民收入分配过程对于认识和了解有效税率具有重要意义。根据资金流量表中资金来源和使用的对应关系，以下简要介绍各部门的收入分配过程。

　　以增加值为起点，住户部门在初次分配中还获得来自企业和政府支付的劳动者报酬[①]以及财产净收入。除此以外，以个体工商户为代表的自营

---

　　① 劳动者报酬是劳动者从事生产活动获得的各种报酬，包含工资、奖金、福利费、实物报酬、各种补贴、津贴以及单位为劳动者缴纳的社会保险费（国家统计局国民经济核算司，2006）。

经济也被纳入住户部门核算，形成住户部门的营业盈余和混合收入，而个体工商户同时需要支付政府生产税并获得生产补贴，这也构成了住户部门的生产税净额。在初次分配的基础上，支付个人所得税、财产税以及社会保险缴费，获得来自政府的社会保险福利、社会补助以及其他一般其他经常性转移，形成住户部门可支配收入，并最终用于消费和储蓄。虽然社会保障的缴费和福利是政府再分配政策的工具，但雇主的社会保险缴款已经在初次分配中与工资及工资性收入一起合并为劳动者报酬转移至住户部门，因而再分配过程中的社会保险缴费是通过住户部门向政府部门直接转移的。

　　企业部门用初次分配中形成的增加值支付生产税，获得政府部门的生产补贴，支付给住户部门劳动者报酬，初次分配总收入主要包括营业盈余、折旧和财产净收入。在初次分配的基础上，支付企业所得税和其他财产税之后，形成企业的可支配收入，最终用于投资和储蓄。企业部门通常又包括非金融企业和金融企业两个部门。其中，非金融企业部门在初次分配中主要支付借款的财产性支出，而金融企业部门在初次分配中由于承担了资金中介的功能，还有部分财产性净收入。

　　政府部门在初次分配中用增加值支付住户劳动者报酬，同时获得生产税净额和财产净收入。在初次分配的基础上，征收社会保障缴款、所得税和财产税，并对住户部门和企业部门发放社会保障福利和社会补助等转移支付，形成可支配收入，最终用于消费和储蓄。可以发现，政府部门在最终国民收入分配中有着举足轻重的作用，三大税基的有效税率恰好度量了政府部门参与收入分配的力度。图 5 - 2 给出了政府部门参与国民收入分配的过程。

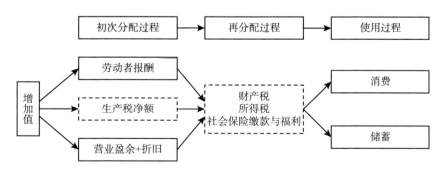

图 5 - 2　政府部门参与国民收入分配的过程

初次分配中的政府参与主要体现为生产税净额（生产税扣减生产补贴）。以中国为例，生产税是生产单位在生产、销售、转移或以其他方式处理货物和服务时应交纳的产品税，以及因从事生产活动拥有和运用固定资产、土地和劳动力等生产要素应交纳的其他生产税；生产补贴是政府为了调整生产单位的生产规模和新产品价格，对生产做出的无偿转移支付（国家统计局国民经济核算司，2006）。具体来讲，生产税主要包括增值税、消费税、进口税、固定资产使用税、烟酒专卖上缴政府的专项收入、车船使用税、排污费、教育费附加和水电费附加等；生产补贴①通常包括企业出口退税、企业亏损补贴和政策性亏损补贴等。可以说，全社会支付的间接税总额就是通过资金流量表初次分配环节的"生产税净额"这一项目进行核算的。然而，虽然间接税总额统一通过"生产税净额"核算，但不同税种的征税环节是存在显著差异的。比如，增值税的征税环节包括货物、服务、无形资产销售或进口、劳务加工、修理修配等环节，消费税的征税环节包括生产、委托加工、进口以及批发和零售等环节，关税的征税环节是货物的进口环节等。无论征税环节如何，征收的间接税最终都被包含在最终消费支出中，因此生产税净额占消费支出的比重为全社会消费税有效税率的测算提供了依据。

在初次分配的基础上，政府还将使用收入再分配手段调节全社会的收入分配状况。再分配环节政府部门的收入来源包括对住户部门和企业部门征收的财产税和所得税，以及对住户部门征收的社会保险缴费。由于所得税的税基是劳动或资本收入，因此可以通过对各部门的收入和支付的所得税税款进行拆分以测算全社会的劳动税和资本税的有效税率。除此以外，社会保险缴费同样以工资薪金收入作为基数，与个人所得税的税基一样都是劳动收入，因而同样被视为劳动税收的一个组成部分。

二、政府收入规模及其占比

从增加值的创造过程来看，或多或少都有政府的参与，因而在收入法

---

① 生产补贴不包括政府对生产单位固定资产投资的补助，也不包括对消费者的转移支付。

GDP 和投入产出表中间投入的核算项目中都包含了劳动者报酬、营业盈余、折旧和生产税净额四个大类，资金流量表按政府、企业和住户部门分收入（资金来源方）和支付（资金运用方）对增加值到可支配收入的形成过程进行了展示，其中政府部门的资金来源为生产税净额。国民经济核算的资料显示，生产税是生产单位在生产、销售、转移或以其他方式处理货物和服务时应交纳的产品税，以及因从事生产活动拥有和运用固定资产、土地和劳动力等生产要素应交纳的其他生产税。生产税的范围与国内生产核算完全一致，主要包括增值税、消费税、进口税、固定资产使用税、烟酒专卖上缴政府的专项收入、车船使用税、排污费、教育费附加和水电费附加等（国家统计局国民经济核算司，2006）。[①] 生产补贴是政府为了调整生产单位的生产规模和新产品价格而对生产做出的无偿转移支付，通常也被认为是负生产税，包括企业出口退税、企业亏损补贴和政策性亏损补贴等，但是并不涵盖政府对生产单位固定资产投资的补助，也不涵盖对消费者的转移支付。其中，住户部门的生产补贴包含财政用于粮食直补的资金支出、对农民良种补贴的资金支出、财政对农民的农机具购置补贴（国家统计局国民经济核算司，2006）。

虽然通常假定只有资本和劳动才能称为要素，但是最终要素分配的结果中却出现了生产税净额这一看似非资本亦非劳动的构成（折旧通常认为是对资本消耗的补偿，因而被认定是资本收入），如果我们认同增加值的创造过程中政府部门不可或缺，那么政府的生产税净额某种程度上也可以理解成是资本和劳动收入的组合，因为政府提供了基础设施和基本公共服务。因此接下来，一个不可避免的话题就是政府部门的参与在要素分配的作用如何。

回答这个问题，重点在于理顺要素分配与初次收入分配之间的关系。按照国民经济核算的相关内容，初次分配过程表示整个社会生产活动形成的总成果（也就是全社会增加值）在参与生产活动的生产要素所有者以及政府之间的分配。假定政府部门的生产税净额也是劳动或资本收入的某种组合，那么要素分配与初次收入分配之间的关系可以简单概括为，要素分配代表了整个经济中的国民收入按照劳动和资本类生产要素分配的结果，

---

① 营改增之前还包括全部的营业税。

而初次分配则体现了要素在不同部门所有者之间分配的结果。也就是说，初次分配中不同机构部门的劳动和资本所得分类之和完全等于要素分配。在初次分配总收入的基础上，通过经常性转移的形式进行再次分配，其结果是形成各个机构部门的可支配总收入，加总成为全社会的可支配收入。已有文献大多将要素分配等同于初次收入分配，并且将劳动份额等同于劳动者报酬占增加值（或 GDP）的比重，但这两者存在本质的差异，尤其是没有考虑到政府间接税对要素分配的影响。因此本章认为初次收入分配其实是基于要素分配而进行的下一个阶段，两者并不完全等同。

由于政府在初次分配活动中征收了生产税，同时对生产经营活动进行补贴，如果把政府当作一个独立于企业和住户之外的经济部分，那么生产税净额（以下有时也称净间接税）可以看成是对政府提供服务和基础设施的收益，但在研究整个社会生产要素的分配时，政府收取的这部分应当合理分摊。理论上讲，对生产税净额的处理可以完全视为对资本或劳动要素的征税和补贴，但现实经济中增加值创造活动的过程表明，对劳动征税或补贴部分的资金规模相对较小，这一点可以从间接税税收收入中货物和劳务两类税基分别缴纳的税收收入占比情况看出。对生产税净额的来源中资本和劳动分摊的关键在于分清生产税在各行业的分布情况，尤其是税基属于资本还是劳动。① 郭庆旺和吕冰洋（2012）的研究表明，政府征收的直接税同时降低了劳动和资本的要素份额，间接税中的增值税降低了劳动份额而营业税降低了资本份额，但实际上生产要素分配过程中并不涉及直接税。因此尽管上述研究对本章讨论生产税净额在要素之间的分摊提供了视角，但是在测算要素份额时，我们只考虑间接税的作用，直接税只会对规模性收入分配产生影响。厘清上述问题需要我们系统地考察中国间接税税制的结构，受限于篇幅，因此我们仅对间接税（也就是生产税净额）归属对要素份额的影响进行讨论。

既然争议的来源是政府部门参与增加值创造过程而获得收入（即生产税净额），对生产税净额税基来源的不同假定很显然会影响了劳动和资本要素的分配格局，那么一个显然的问题就是生产税净额的规模有多大。以

---

① 这里衍生出一个全新的话题，也就是间接税中对资本和劳动要素征税的比重对要素份额的影响，可以作为后续研究的内容。

下我们使用三个数据来源对生产税净额规模占比进行分析，分别从不同维度展示了生产税净额占增加值比重的变化趋势。

观察图 5-3 可知，自 1993 年以来我国生产税净额占增加值的比重基本呈上升趋势，从 2000 年开始逐渐趋于平稳，而 2010 年以来下降的趋势也非常明显，下降幅度最高达到 1.5 个百分点。三个数据来源中，以资金流量表计算的生产税净额占比最低，且在 1993～1995 年和 2007～2009 年有小幅下降，但整体来看，1993～2010 年，生产税净额占增加值的比重呈现上升趋势，2010 年之后略微下降。分省收入法 GDP 的计算结果平均来讲高出资金流量表约 2 个百分点，因此基本趋势非常类似，但在 2003～2004 年，使用分省收入法 GDP 计算的生产税净额占比出现骤降，可能是解释是当时中国正进行取消农业税的税收改革，分省数据的波动明显。使用投入产出表对生产税净额占比的计算结果最平稳，在 1997～2012 年非连续的年份里，生产税净额占比维持在 14% 左右的水平。2015 年以来，资金流量表和投入产出表的计算结果基本趋同，二者的数值也非常接近。

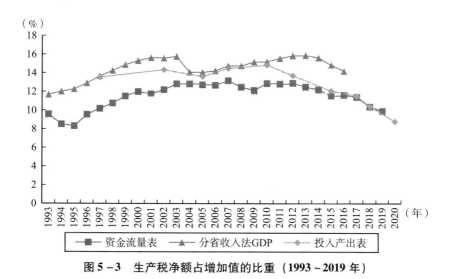

图 5-3　生产税净额占增加值的比重（1993～2019 年）

依托投入产出表相关年度的数据，图 5-4 展示了分产业生产税净额占增加值的比重情况。可以发现，第一产业增加值中生产税净额的比重呈现显著的下降趋势，2012 年以来均为负，表明我国政府对农林牧渔业的生产补贴已经远超对该行业的征税，稳定的生产税净额水平维持在5%左右。第二产业增加值中生产税净额的占比整体波动幅度在 15%～19%，2017年以来呈现出显著的下降态势，2020 年第二产业的生产税税负水平在15%左右。2002 年以来，我国第三产业的间接税税负先下降后略微上升，2012 年以来下降态势明显。目前维持在 6% 左右，仅为 2012 年最高时期的一半。上述结果表明，结构性减税政策不仅使得整体间接税①税负有所下降，并且改变了我国三个产业之间的平均间接税税收负担结构。但由于我国当前的产业结构仍然以第二产业为主，并且平均来看，第二产业的间接税税负仍然高于第三产业，因此生产税净额占增加值比重的变化仅能反映出当前各产业间接税税负的平均水平。

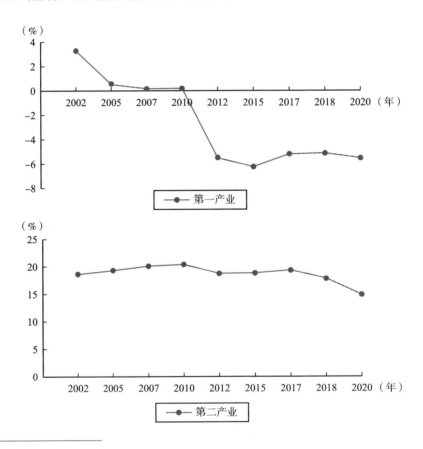

---

① 生产税净额系生产税减政府补贴后的净值，其中的生产税基本等同于间接税。

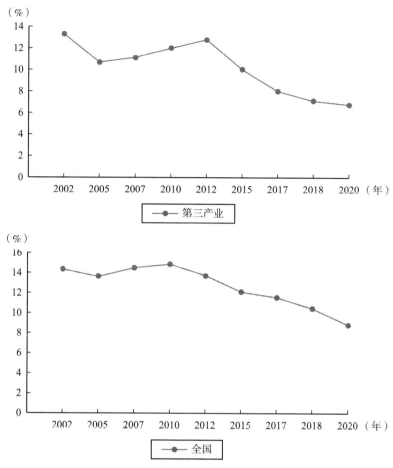

图 5 − 4　分产业生产税净额占产业增加值比重

通过三大产业生产税净额占增加值比重一定程度上可以观测到间接税税负的变化，以及上述变化在多大程度上对应我国劳动份额的变动趋势，我们还可以通过不同行业生产税净额占增加值比重的详细信息来考察各行业生产税税负的差异（见表 5 − 1）。整体来看，大多数行业的生产税净额占增加值的比重在 2012 年以来都有不同程度的下降。从不同行业生产税净额占比的结果可知，政府依靠基础设施和基本公共服务提供获得的部门收入（也即是生产税净额）占整个社会的增加值比重虽然呈现下降趋势，一定程度上表明结构性减税的政策效果显著，但降低的间接税收入到底是来源于对资本还是对劳动要素的税收降低，以及在不同行业的差异是值得说明的问题。

表 5 - 1　　　　　　分行业生产税净额占行业增加值比重　　　　单位：%

行业	2002 年	2005 年	2007 年	2010 年	2012 年	2015 年	2017 年	2018 年	2020 年
农林牧渔业	3.275	0.524	0.167	0.193	-5.530	-6.248	-5.211	-5.140	-5.540
采矿业	10.917	17.805	18.235	23.915	23.510	25.225	31.803	31.723	26.767
制造业	22.151	20.363	22.215	20.929	19.307	19.959	19.344	17.494	14.420
电力、热力燃气及水生产和供应业	19.589	20.911	12.879	17.733	15.753	10.621	14.814	12.940	9.121
建筑业	4.320	13.149	12.405	15.817	13.915	14.173	14.600	14.369	13.626
交通运输、仓储和邮政业	8.697	9.437	9.478	8.206	3.229	23.674	12.692	12.133	1.864
信息传输、软件和信息技术服务业	6.334	6.225	5.763	7.529	4.302	-3.534	2.187	2.456	2.922
批发和零售业	38.128	23.301	24.258	27.245	32.726	6.093	2.292	1.933	10.002
住宿和餐饮业	17.422	12.085	11.062	11.498	9.005	5.660	3.239	2.840	0.935
金融业	2.446	12.249	11.288	12.179	11.173	12.831	9.919	9.458	9.892
房地产业	14.373	12.154	15.370	15.751	17.558	17.606	20.806	16.034	16.038
租赁和商务服务业	8.871	11.380	10.377	13.469	10.070	7.112	9.651	9.461	8.693
科学研究和技术服务业	8.661	8.327	7.622	8.011	6.676	6.678	4.891	4.436	4.733
水利、环境和公共设施管理业	7.121	4.039	3.917	4.602	1.292	-2.758	1.524	2.006	0.365
居民服务、修理和其他服务业	14.893	7.259	6.617	9.203	8.551	9.109	4.479	4.620	3.194
教育	1.527	2.883	2.558	0.563	0.566	-0.413	0.348	0.310	0.168
卫生和社会工作	1.778	4.287	3.489	0.867	1.025	0.683	0.074	0.086	0.057
文化、体育和娱乐业	17.001	11.596	11.146	9.827	7.921	5.866	3.167	2.799	2.038
改革管理、社会保障和社会组织	0.863	0.527	0.499	0.458	0.001	-0.803	0.583	0.454	0.398
合计	14.330	13.604	14.842	12.095	13.712	11.538	10.446	10.446	8.813

分省收入法 GDP 的数据提供了各省增加值的构成情况，可以得到不同省份生产税净额占增加值比重的变化情况（见表 5 - 2）。笔者研究发现，多数省份的生产税净额占增加值比重的最低点在 2005 ~ 2006 年，并且那些传统意义上的农业大省在 2002 ~ 2006 年生产税净额占比具有非常显著的下降，比如江西、四川、山东等。从我国间接税税制的改革来看，那期间恰好对应着中国全面取消农业税的改革①，农业税制改革的影响被各省生产税净额占增加值的比重完美对应，这也侧面印证了当时中国间接税税收中对第一产业的依赖程度。此外，2012 年以来，全国大多数省份生产税净额的占比同样呈现下降的趋势，表明结构性减税的政策获得了较好的执行。总体来看，各地区生产税净额占增加值的比重长期以来在 10% ~ 20% 的范围波动，但各省的平均水平以及波动幅度存在显著差异。

表 5 - 2　　　　　　分省份生产税净额占 GDP 的比重　　　　单位: %

省份	1993 ~ 2016 年	1993 ~ 2000 年	2001 ~ 2010 年	2011 ~ 2016 年
安徽	13.959	13.761	13.506	14.977
北京	14.836	13.225	15.919	15.177
福建	12.940	11.529	13.333	14.167
甘肃	14.289	12.350	14.776	16.065
广东	15.316	15.473	15.369	15.019
广西	11.971	8.868	11.553	16.806
贵州	14.598	11.877	14.862	17.787
海南	14.778	14.414	14.920	15.028
河北	12.786	12.437	12.958	12.965
河南	12.904	12.923	13.089	12.571
黑龙江	13.978	13.732	14.160	14.003
湖北	14.171	13.219	14.802	14.389
湖南	14.367	12.650	14.812	15.914
吉林	15.131	14.692	15.323	15.395
江苏	13.900	12.643	15.015	13.716

① 关于农业税制改革的政策内容参考了苏东和万其刚（2007）的研究。

省份	1993~2016 年	1993~2000 年	2001~2010 年	2011~2016 年
江西	15.005	12.168	16.610	16.112
辽宁	15.748	14.343	15.400	18.202
内蒙古	12.866	12.351	13.149	13.082
宁夏	14.523	15.473	14.517	13.268
青海	15.016	15.977	15.081	13.624
山东	15.752	15.452	16.185	15.431
山西	15.013	13.181	15.559	16.545
陕西	16.153	14.615	16.046	18.382
上海	16.206	13.001	16.665	19.716
四川	15.153	14.772	15.112	15.729
天津	15.953	14.773	16.602	16.443
西藏	13.912	18.123	13.663	8.712
新疆	15.404	16.187	15.463	14.263
云南	17.234	12.810	18.711	20.672
浙江	13.183	10.281	14.288	15.213
重庆	13.928	12.092	13.830	16.537

三、有效税率的测算方法

本章的研究思路是基于各国资金流量表的宏观数据来研究当前各国消费、劳动和资本有效税率的现状，将我国与其他国家进行比较。数据来源是 OECD 数据库国民收入账户中的资金流量表，以下给出有效税率计算所需的指标及其含义。在资金流量核算中，各经济部门有特定的代码，其中，S1 代表整个经济，S11 代表非金融企业，S12 代表金融企业，S13 代表政府，S14 代表住户，S15 代表为住户部门服务的非营利机构；S14 ~ S15 代表住户和为住户服务的非营利机构合计数。对消费、劳动和资本有效税率的测算需要结合不同的经济部门进行分析，主要使用的指标见表 5－3。

表5－3　　　　　　　　　　有效税率测度的变量名称及含义

变量	资金流量表中对应的指标	指标含义
production tax	NFD2R：taxes on production and imports，receivable	生产和进口税（应收）
consumption	NFP3P：final consumption expenditure	最终消费支出
income and wealth tax	NFD5P：current taxes on income，wealth，etc	所得税、财产税等
compensation	NFD1R：compensation of employees	劳动者报酬
profit	NFB2G ＿ B3GP：operating surplus and mixed income，gross	营业盈余和混合收入（合计数）
property income	NFD4R：property income	财产性收入（来源）
	NFD4P：property income	财产性收入（运用）
social contributions	NFD6P：social contributions and benefits	社会保险缴费与福利

1. 消费有效税率

消费有效税率反映了政府征收的间接税占最终消费支出的比重。间接税的税收依托商品和服务的生产、销售和使用等过程，并最终构成全社会消费支出的一部分，因此，消费有效税率等于全社会的生产税净额除以最终消费，而最终消费等于政府和住户消费之和。计算公式如下：

$$t_{consu} = \frac{Production\ Tax}{Consumption} \tag{5-1}$$

2. 劳动有效税率

与间接税的税基不同，所得税等直接税的税基是符合税法规定的应税所得，通常包括个人所得和企业所得。如果我们将所得按照劳动和资本两大要素类别进行划分的话，又可以分为劳动所得和资本所得。个人所得税的应税所得中既包含工资薪金和劳务报酬等劳动所得，还包含特许权使用费所得、利息/股息/红利所得、财产租赁所得、财产转让所得等资本所得。由于自营者是在住户部门核算，其收入中的资本和劳动所得又常常难以区分，这为劳动和资本有效税率的测算增加了困难。2016 年我国住户部门初次分配收入构成中，劳动者报酬的占比为 85.18%，财产净收入的占比为 3.81%，还有 11% 左右是来源于为个体户和政府部门服务的非营利机构的营业盈余和混合收入。而从个人所得税的收入来源结构上看，2016 年来源于劳动所得的个人所得税占当年度个人所得税税收收入的比重为 70.25%，来源于资本所得的个人所得税占比约为 22.11%，同时包含劳动和资本所得的个体工商户生产、经营所得和企事业单位承包、承租经营所得缴纳的个人所得税税收占比为 6.16%。[①]

　　由于住户部门的初次分配收入中包含劳动者报酬、财产净收入以及营业盈余和混合收入等多个部分，而再分配收入只有所得税和财产税的合计项，因此需要将住户部门支付的财产税和所得税总额按照劳动收入和资本收入进行合理拆分，并按照劳动和资本各自的税基计算对应的有效税率。[②]除此以外，住户部门的社会保险缴款也是劳动税收的一个部分。考虑到我们使用资金流量表进行有效税率的国际比较，因此在基准结果中沿用门多萨（Mendoza）的做法，同样假定住户部门的初次分配总收入中劳动收入和资本收入负担的税率完全相同，考虑到样本中绝大多数 OECD 国家个人所得税都实行综合征收，因此这种假定是合理的。在区分是否包含社会保险缴费的情况下，劳动有效税率的计算公式如下：

$$t_h = \frac{Income\ and\ Wealth\ Tax_h}{Compensation + Net\ Property\ income_h + Profit_h} \qquad (5-2)$$

$$t_{labor(不含社保缴费)} = t_h \qquad (5-3)$$

$$t_{labor(含社保缴费)} = \frac{Social\ contributions_h}{Compensation_h} + t_h \qquad (5-4)$$

　　以上三个算式中，脚标 h 代表住户部门。财产净收入（net property income）是财产收入的来源减去运用后的差值。实际计算中，如果该部门

的财产净收入为负，则统一用零值代替。t_h 为住户部门每单位收入的平均有效税率，当不包含社会保险缴费时，劳动有效税率等同于住户部门的平均有效税率。

3. 资本有效税率

资本有效税率的计算遵循与劳动完全类似的思路。首先是估算全社会的资本收入总额。资本收入分部门的构成主要包含以下几个部分：住户、政府和企业部门的财产净收入以及整个社会的营业盈余和混合收入。以我国为例，在分部门财产净收入的构成上，非金融企业部门完全是支出方①，全社会的财产净收入中，金融企业部门的占比最小，约为 8.4%，政府部门次之，约为 38.84%，住户部门占比最高，达到 52.73%。资本税税收总额则由企业部门支付的企业所得税和财产税、政府和住户部门中资本收入支付的所得税和财产税构成。② 资本税有效税率的精确计算依赖于资本税收和资本收入总额，但只有企业部门可以直接计算。对住户部门和政府部门的资本收入和承担的资本税都只能间接计算，原因在于大多数国家住户部门为劳动和资本收入支付的财产税和所得税无法分开，而政府部门的财产和所得税税收也只在部分国家存在。由于政府部门的收入占比整体较小，并且大多数国家针对政府部门的收入都免所得税，因此本章的估算暂不考虑政府部门的资本收入和政府部门的所得税。最终，资本税有效税率的计算公式如下：

$$t_{capital} = \frac{Capital\ tax_h + Income\ and\ Wealth\ Tax_c}{Net\ property\ income_{h+c} + Profit_{h+c}} \qquad (5-5)$$

其中，

$$Capital\ tax_h = t_h \times (Net\ Property\ Income_h + Profit_h) \qquad (5-6)$$

---

① 非金融企业部门通常是信贷资金的需求方，需要向其余部门支付资金的使用费，因而财产净收入为负。

② 政府部门支付的所得税在政府部门的资金构成中没有直接列示，但可以间接计算而得，间接计算的方法是使用全社会所得税和财产税总额扣减居民和企业部门的所得税和财产税。考虑到政府部门财产净收入规模相对较小，对最终资本有效税率的计算结果影响极小，对资本有效税率的计算暂不考虑政府部门。

式（5-6）中，角标 h 代表住户部门，角标 c 代表企业部门，是金融企业和非金融企业的合计数，t_h 为住户部门的平均有效税率。

四、有效税率测算结果及其变化趋势

本章对消费、劳动和资本有效税率测算的数据来源于 OECD 数据库中各国资金流量表（实物表），数据涵盖 33 个发达国家和 4 个发展中国家（中国、古巴、巴西和南非）。由于大多数国家资金流量表数据的最新年份为 2016 年，因此我们以 2016 年为基准给出各国消费、劳动和资本有效税率的计算结果（见表 5-4）。

表 5-4　　　　　　　有效税率的计算结果　　　　单位：%

国家（地区）	消费有效税率	劳动有效税率（不含社保缴费）	劳动有效税率（含社保缴费）	资本有效税率
奥地利	19.90	15.80	54.52	11.66
比利时	17.47	18.09	59.20	14.25
巴西	17.71	4.78	36.03	12.74
加拿大	15.45	17.24	26.76	15.26
智利	14.09	2.47	26.17	7.74
中国	21.64	2.24	12.33	9.96
古巴	13.66	2.77	33.13	7.01
捷克	18.56	7.16	48.13	9.02
丹麦	22.55	42.77	59.13	19.63
爱沙尼亚	20.44	10.04	41.35	6.31
芬兰	18.23	21.37	54.52	13.74
法国	20.44	14.18	58.08	12.55
德国	14.60	12.92	56.66	11.10
希腊	19.31	9.72	63.46	12.32
匈牙利	25.91	8.72	46.18	8.69

续表

国家（地区）	消费有效税率	劳动有效税率 （不含社保缴费）	劳动有效税率 （含社保缴费）	资本有效税率
爱尔兰	18.95	19.33	41.66	7.46
意大利	18.10	16.86	56.20	13.39
日本	11.15	8.26	40.23	12.99
韩国	16.74	8.17	38.34	9.43
拉脱维亚	18.17	10.06	34.23	7.48
立陶宛	14.40	6.05	38.22	5.09
卢森堡	25.28	20.02	52.29	15.79
墨西哥	9.10	4.22	25.70	7.09
荷兰	16.63	12.30	66.43	11.29
新西兰	17.90	21.17	32.12	7.94
挪威	18.06	19.72	56.41	11.18
波兰	17.71	7.74	48.35	7.99
葡萄牙	17.63	10.32	46.71	11.35
斯洛伐克	14.36	5.82	47.01	9.55
斯洛文尼亚	20.23	9.10	43.38	8.04
南非	16.31	15.10	26.66	17.34
西班牙	15.15	11.61	42.14	9.25
瑞典	31.69	26.95	51.28	15.20
瑞士	9.11	14.10	59.29	13.61
英国	15.19	14.78	51.00	13.82
美国	8.45	12.88	29.27	11.28
欧盟（28国）	17.60	14.69	53.98	12.40

数据来源：OECD 数据库中各国资金流量表。

　　首先分析消费有效税率。可以发现，2016 年绝大多数国家消费的有效税率在 15% ~20% 之间，表明每一单位的最终消费支出中包含的间接税税率为 1/7 ~ 1/5。其中，消费有效税率最高的五个国家依次是瑞典（31.69%）、匈牙利（25.91%）、卢森堡（25.28%）、丹麦（22.55%）和中国（21.64%），这些国家的税率都超过了 1/5；消费有效税率最低的五个国家分别是美国（8.45%）、墨西哥（9.10%）、瑞士（9.11%）、日本（11.15%）和古巴（13.66%），这些国家的税率低于1/7。

其次是劳动有效税率的分析。当只考虑劳动收入缴纳的个人所得税时，绝大多数国家的劳动有效税率均在5%～20%之间，表明个人向政府缴纳的所得税约占劳动收入的1/20～1/5。其中，劳动有效税率最低的国家是中国，每单位个人劳动收入仅需要缴纳2.24%的所得税，其次是智利和古巴，这两个国家劳动有效税率也都低于3%；劳动有效税率最高的国家是丹麦，个人劳动收入的42.77%都将作为政府的所得税收入，其次是瑞典，劳动有效税率为26.95%。当考虑住户部门的社保缴费后，劳动有效税率有了显著的增长，有效税率的排序也发生了对应的变化，但中国劳动有效税率仍然是最低的，每单位劳动收入缴纳的所得税和社保缴费之和为12.33%，而其余国家包含社会保险缴费之后的劳动有效税率都在25%～60%之间。在这37个国家中，有14个国家包含社保缴费的劳动有效税率都超过了50%，表明个人支付的所得税和社会保险缴费占劳动收入的一半以上，并且与个人所得税相比，社保缴费占劳动收入的比重更高。包含社保缴费之后的劳动有效税率最高的国家是荷兰，达到66.43%，仅社保缴费占劳动收入的比重就达到54.13%。欧盟28国包含社保缴费之后的劳动有效税率为53.98%。平均来看，样本国家社保缴费占劳动收入的比重超过了40%，而中国对应的水平只有10%。与世界其他国家相比，无论是否包含社会保险缴费，中国劳动有效税率都处于较低的水平。

最后是资本有效税率。与消费和劳动有效税率相比，各国资本有效税率更集中，变化范围更小，在5%～15%之间，表明每一单位资本向政府缴纳所得税占资本收入总额的比重为1/20～1/7。资本有效税率最低的三个国家分别是立陶宛（5.09%）、爱沙尼亚（6.31%）和古巴（7.01%），资本有效税率最高的三个国家分别是卢森堡（15.79%）、南非（17.34%）和丹麦（19.63%）。与世界其他国家相比，中国资本有效税率的水平适中，约为9.96%，而欧盟28国的平均水平为12.4%。

为了进一步展示我国消费、劳动和资本有效税率的变化趋势及其与主要发达经济体的差异，图5-5至图5-7给出了2008～2017年我国和欧盟28国（平均）三大税率的变化趋势。

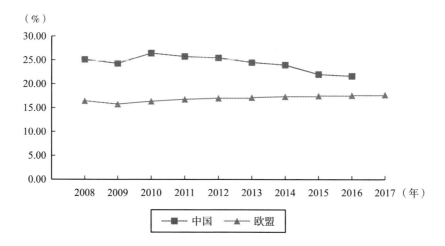

图 5 - 5　中国和欧盟消费有效税率的变动趋势（2008～2017 年）

　　可以发现，自 2008 年以来，我国消费有效税率呈现出缓慢下降的趋势，从期初的 25% 下降至近年来的 21.64%，这一变化趋势也与我国这一时期不断深化间接税改革，特别是全面实施营改增、深化增值税改革、持续实施减税降费政策契合。同一时期欧盟发达经济体消费有效税率是缓慢上升的，上升幅度约为 2 个百分点，这与欧盟国家这一时期不断提高增值税基准税率大体一致，中国与发达经济体之间消费有效税率的差距正逐渐减小。

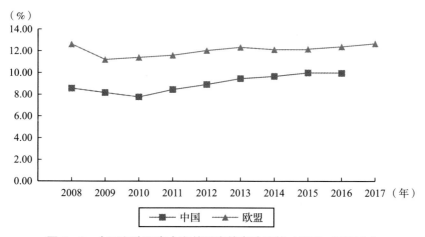

图 5 - 6　中国和欧盟资本有效税率的变动趋势（2008～2017 年）

在资本有效税率方面，自 2010 年以来，我国资本有效税率呈现出缓慢上升的趋势，而近年来欧盟主要发达经济国家的资本有效税率基本持平，对比来看，我国资本有效税率仍然比欧盟均值低出约 2 个百分点。

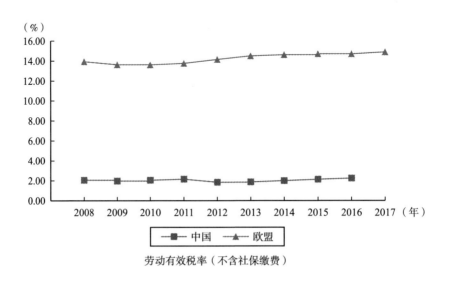

劳动有效税率（不含社保缴费）

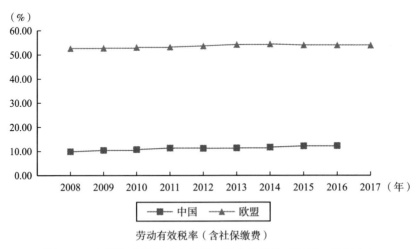

劳动有效税率（含社保缴费）

图 5 - 7　中国和欧盟劳动有效税率的变化趋势（2008 ~ 2017 年）

与世界主要发达经济体相比，劳动有效税率的差异最大。平均来看，我国劳动有效税率约为 2.24%，而欧盟的均值约为 14.69%，相差近 12 个百分点，我国劳动有效税率是明显偏低的。劳动有效税率主要依靠个人所得税来调节，这一时期我国个人所得税税制和征管存在较大缺陷，个人所得税未能充分发挥收入分配调节的作用。而个人所得税平均税率的高低是个税收入分配效应大小的主要决定因素，平均税率的降低会弱化本就微弱的个人所得税的收入分配效应（岳希明等，2011）。2019 年 1 月 1 日起，我国从分类所得税制转变为综合与分类相结合的个人所得税制度，从理论上来说，税制缺陷已经弥补，但对高收入群体的征管水平和能力是否相应提高，还有待观察。

即使在包含社会保险缴费之后，我国劳动有效税率仍然是偏低的。欧盟 28 国的平均水平约为 53.98%，而我国仅为 12.33%，换句话说，主要发达国家的社会保险缴费占工资收入的比重约为 40%，而中国仅为 10%。这似乎与现实中的情形完全不同，至少从资金流量表中的数据来看，中国社保缴费占劳动者报酬的比重并不高，为何企业却反映负担很重？这一看似矛盾的现象可以从以下两个方面来解释。

（1）社保费的名义费率高，但缴费基数低。中国养老、医疗和失业三项社会保险的合计费率虽然偏高，且雇主负担在国际上排名靠前，但企业缴费的基数远低于实际工资总额（苏中兴，2016）。因此，总量上看，社会保险缴费占劳动收入的比重是远低于名义费率的，说明这一时期社保征收不足，而这也将带来社会保险（尤其是养老保险）替代率不足的严重问题。

（2）社会保险类型和参保人数的结构差异。以养老保险为例，我国主要以社会基本养老保险为主，而其他国家的养老保险制度则包含社会基本养老保险、企业年金和商业保险"三个支柱"，企业年金作为与基本养老保险并列的重要方式，需要职工个人和企业共同承担缴费。欧盟发达经济体的社会保险缴费包含了企业年金，因此社保缴费占劳动者报酬的比重远高于中国。不仅如此，在我国当前的养老和医疗社会保险制度中，居民和职工使用了两种完全不同的制度，缴费和待遇也迥异。根据《中国统计年鉴》相关数据，2017 年中国城镇职工基本养老保险的人均缴费为 10748.6 元，城乡居民基本养老保险的人均缴费为 644.7 元，[①]对应的参保人数分别为 40293.3 万人和 51255 万人，城乡居民社会基本养老保险的参保人数众多但缴费水平低同样是社会保险缴费总额占劳动者报酬比重偏低的重要原因之一。社会关注的焦点往往集中于城镇职工基本社会保险的名义费率，忽略了同样重要的城乡居民社会保险的缴费基数和参保人数。社会保险缴费的差异最终导致了住户部门可支配收入来源的结构差异，使用资金流量表数据计算发现，2016 年欧盟 28 国住户部门可支配收入中来源于社会保险福利的平均值为 53.21%，而中国此项收入对应的水平为 12.22%。

五、有效税率与经济发展水平

1. 消费有效税率与经济发展水平

以 1995 年和 2015 年的截面数据为例展示各国消费税有效税率与人均 GDP 之间的关系（见图 5-8），可以发现，1995 年绝大多数国家消费税的有效税率在 10% ~ 25% 之间，而 2015 年绝大多数国家的消费税有效税率维持在 10% ~ 20% 的区间，表明间接税款占最终消费支出的份额约为 1/10 ~ 1/5。在这一期间，中国的消费税有效税率呈现显著的上升趋势，从 1995 年的 17% 上升到 2015 年的 27%。无论是与 OECD 国家相比还是与非 OECD 国家相比，中国消费税有效税率均处于较高的水平，与发达国家中的瑞典、匈牙利和卢森堡相当，但中国人均 GDP 的规模却远远低于上述国家。消费税有效税率最低的国家是智利，约为 3%，其次是墨西哥、美国和瑞士。

---

① 该数值是使用当年度职工和居民养老保险的基金收入除以年末参加对应基本养老保险的人数得到的。

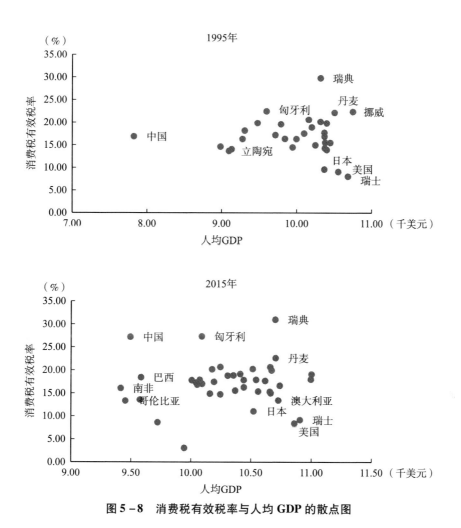

图 5-8　消费税有效税率与人均 GDP 的散点图

从图 5-8 可以得到一个比较清晰的答案——中国的消费税有效税率相对较高。但这似乎已经是共识，因为中国的税制结构就是以间接税为主、直接税为辅，最终消费品中包含的税款较高一定程度上也可以解释中国消费占 GDP 的比重偏低的事实。对此，我们将在第六章的实证分析中考察税制结构与最终消费之间的关系。

2. 劳动税有效税率与经济发展水平

以下分 1995 年和 2015 年分别展示劳动税有效税率的变化趋势（见图 5-9）。当不考虑社会保障缴费的影响时，劳动税有效税率完全等于住户部门平均税率。可以发现劳动收入负担的所得税在 1995 年和 2015 年的变化并不大，集中在 5%~20% 之间。除了个别国家的有效税率超过 30% 以外，劳动所得税的平均税率甚至呈现略微的下降趋势。一旦加入社保缴费之后，劳动税的有效税率呈现出显著的上升趋势，表明近年来劳动税的上升的主要原因是社保缴费的上升，而非劳动收入的个人所得税的上升。平均来看，社保缴费占劳动者报酬的比重超过 40%。虽然企业社保缴费常常成为企业劳动力成本的一个非常重要的部分，[1] 但即使从劳动者本身来看，由住户部门自身负担的社保费用仍然占据了住户部门收入的很大比重。从这个角度来看，即使是考虑到员工自身支付的社保缴费，中国的劳动税有效税率仍然处于较低的水平。

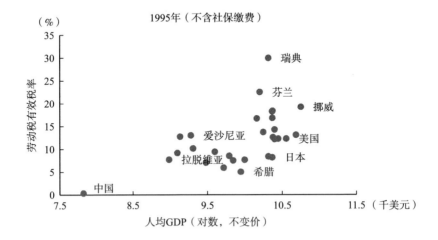

————————————————

[1] 住户部门的劳动者报酬包括劳动者的工资薪金收入和雇主支付的社会保障缴费。

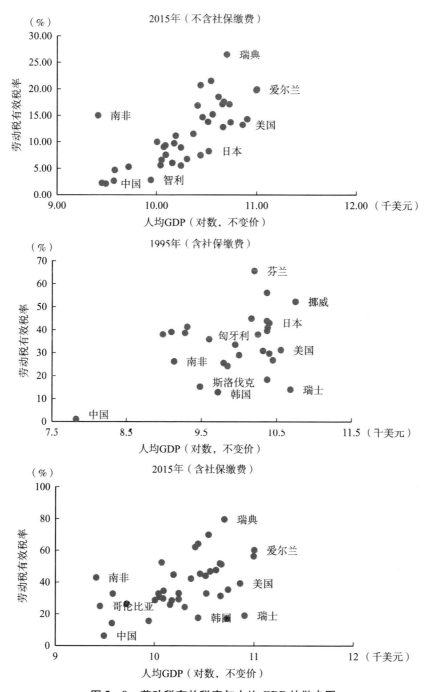

图 5－9 劳动税有效税率与人均 GDP 的散点图

从数据上来看，中国住户部门劳动所得支付的平均税率和住户部门自身的社会保障缴费处于较低的水平，而其余发达国家劳动税的有效税率显然更高，尤其是社会保障缴费。在社会保障制度的安排上，中国与其他国家存在着非常明显的不同。发达国家的居民在退休前支付的社保缴费足够保障其退休后的收入规模和生活标准不受影响，而中国因为社会保障是统筹运营的，替代率相对较低，因此可能出现的状况就是退休后的收入大幅降低，难以维持退休前的生活标准和质量。

3. 资本有效税率与经济发展水平

1995~2015年，虽然各国所有资本收入负担的有效税率变化并不明显，但全球非金融企业部门资本税的边际税率呈现出略微上升的趋势，这也反映出资本收入在国民经济部门结构的变化。从图5-10可以发现，在1995~2015年中国资本收入有效税率呈现出比较显著的上升，从1995年的4%上升至2015年的14%，其中企业部门资本收入有效税率的涨幅同样显著。

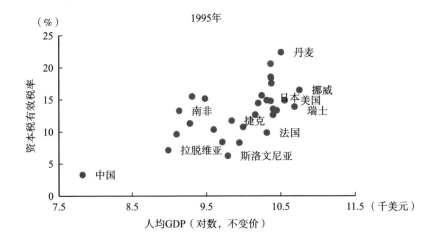

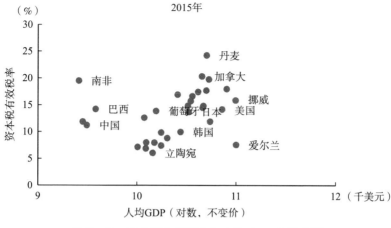

图 5 - 10　资本税有效税率与人均 GDP 的散点图

六、主要结论及建议

税基和税率作为税收的两大要素，是一国税收征收的基础和依据。由于税收征收依托于具体的税基，增值税等间接税的征收以商品和服务的价值为基础，而所得税等直接税以收入为基础，在已知税收总额和税基规模的前提下，可以基于每单位税基承担的税款测算全社会的有效税率水平。无论一国税收收入是以间接税为主还是以直接税为主，这种有效税率的计算方法是完全可比的。

基于资金流量表中各经济部门的资金来源和运用的结构，本章对我国消费、劳动和资本有效税率进行了测算，并与其余 36 个国家进行了比较。结果发现，我国消费有效税率相对较高，劳动有效税率相对偏低，资本有效税率适中。从趋势上看，近年来我国消费有效税率呈现下降趋势，而资本和劳动有效税率的变化不大。作为当前财税改革的重要内容，以"降低增值税税率"等为代表的一系列减税降费政策为中国经济高质量发展作出了巨大贡献，不仅促进了企业投资，还促进了社会消费。增值税等间接税税率的降低使得最终消费支出中包含的税款更少，消费者的消费数量还将有所上升。预计在未来一段时间内，我国消费有效税率还将有所下降，与世界主要发达经济体之间的差距也会逐渐缩小。而在资本有效税率方面，近年来样本国家资本税率都有所上升，但整体变化不大，表明各国对企业利润和财产等资本收入的征税都相对稳定。

与消费和资本有效税率相比，我国劳动有效税率需要重点关注。本章研究结果表明，我国个人所得税占劳动收入的比重仅为 2.24%，欧盟平均水平为 14.69%；我国社保缴费占劳动收入的比重约为 10%，欧盟平均水平约为 40%。劳动有效税率的严重偏低不利于国家收入再分配。2019 年新一轮个人所得税改革实现了从分类征收到分类与综合相结合征收的巨大变革，一定程度上减轻了中低收入群体的税收负担，但从长远的角度来看，需要从完善综合与分类相结合的个人所得税制和加大对高收入群体的税收征管两个方面着力，有效提高个人所得税的有效税率，既充分发挥个人所得税的调节收入分配、促进社会公平的职能作用，又能提高我国直接税比重，优化税制结构。

不仅劳动收入负担的个人所得税税率较低，从劳动收入中用于社会保险缴款的比例也明显低于世界主要发达国家，这直接导致我国居民收入构成中来源于政府社会保障类转移支付的比重低于其他国家。在人口老龄化不断加剧的背景下，社会保险缴费占劳动收入的比重偏低不仅会带来社保基金收不抵支的问题，同时也会降低居民取得社会保障的福利水平，影响我国老年人口的收入和消费，不利于社会保障收入再分配功能的发挥。如果不能依靠社会保险基金自身的收入和支出实现可持续性的运转，对公共财政也会带来很大的压力。从长远来看，一方面，需要建立"税务征收、社保使用、财政管理、审计监督"四位一体的现代化社保费征收管理体制，提高社会保险的征缴率和居民类社会保险的政府补贴标准，降低名义费率和实际费率差异，为下一步降低社保费率留下空间；另一方面，需要加快推进养老保险的全国统筹，提高使用效率，更好地发挥社会保障的收入分配调节作用。

第六章　国民收入分配与消费份额

提振内需，特别是扩大消费需求是近年来我国实现高质量发展的重要路径，如何有效扩大居民消费需求，对于实现中国经济结构转型具有重要的理论和政策意义。从国民收入分配结构的角度出发，刺激居民消费有两个途径：其一是从收入端出发，增加居民劳动者报酬占增加值的比重，这一点符合中国近年来的改革方向；其二是降低税负，降低间接税和劳动收入负担的个人所得税也将显著促进全社会和住户部门的消费支出份额。

改革开放 40 余年来，我国经济独有的高储蓄、低消费的特征一度成为学界关注的焦点。伴随着经济结构转型，新发展阶段的新经济增长范式要求从投资和出口拉动型经济增长转向消费、投资和出口协调发展，消费（尤其是国内消费）在经济增长中的作用进一步得到强化，这也与当前构建国内大循环为主体、国内国际双循环相互促进的新发展格局一脉相承。国民收入分配结构的失衡，尤其是住户部门收入份额的持续下降，一度被视为是影响居民消费需求不足的重要成因，这在一些文献中也得到印证。

消费需求不足的成因，一方面可以归结为收入绝对水平偏低，另一方面则归结为边际消费倾向过低，后者往往与收入的相对差距过大密切相关。就一国宏观经济发展而言，国民收入结构是消费规模的重要影响因素。反过来讲，消费规模是国民收入分配格局的直接作用结果。长期以来，学术界对国民收入分配格局的宏观效应存在两种不同的研究方向：其一是从经济增长的角度考察国民收入分配结构对经济增长的影响；其二是直接考察国民收入分配对消费或投资的影响。由于消费、投资和进出口是构成经济增量的三驾马车，上述两个研究方向在一定程度上可以趋同。在前述国民收入分配格局的理论梳理和现状趋势分析之上，本章使用1995 ~ 2015 年各国资金流量表数据考察了劳动份额、有效税率与消费份额之间的关系，解读国民收入分配结构与消费份额之间的动态关系。

一、国民消费结构的特征事实

改革开放40 余年来，我国经济社会发展的物质基础极大丰富，但增长结构长期非均衡，投资占比偏高而消费占比偏低的特征明显。随着经济从高速增长阶段转入高质量发展阶段，加快构建以国内大循环为主体、国内国际相互促进的新发展格局，消费、投资和出口三驾马车对于经济增长的贡献不均衡这一特点成为我国开启现代化进程需要解决的一大难题。图6 - 1 重点给出我国国内消费率的变化趋势，并通过对比主要经济体的同一指标研判我国消费份额的变动趋势。

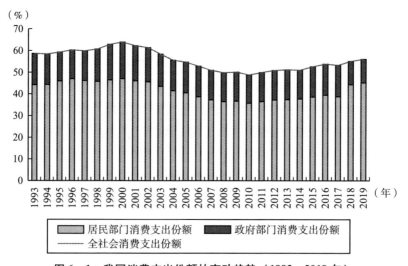

图6 - 1   我国消费支出份额的变动趋势（1993 ~ 2019 年）

从图 6-1 可知，我国消费支出份额占当年度全社会总产出的比重长期维持在 50%～60% 之间，1993 年以来，全社会消费支出份额经历了一个先缓慢上升又缓慢下降，再逐渐回升的过程。其中，2000 年全社会消费支出份额最高，达到 64%，2010 年全社会消费支出份额最低，仅为 49%，表明当年度全社会总产出用于消费的份额不足一半。从结构上来看，居民部门消费支出占当年度全社会总产出的比重维持在 35%～50% 之间，与全社会消费支出呈现基本呈现类似的变化趋势，因而居民部门消费支出占全社会消费支出的比重长期维持在 70%～80% 之间（见表 6-1）。相比而言，政府部门消费支出占当年度全社会总支出的比重相对稳定，绝大多数年份在 13%～16% 之间，其占全社会消费支出的比重则维持在 20%～30% 之间。值得注意的是，在近年来全社会消费支出份额明显回升的大背景下，政府部门消费支出份额反而有所收缩，表明居民部门消费支出在近段时期呈现显著的增长态势。进一步增强消费对经济增长的基础性作用，以促进消费为着力点，充分挖掘内需潜力，对全社会最终消费支出的规模和结构提出了新的要求，如何激发居民部门的消费潜力成为中国经济高质量发展进程中至关重要的一环。

表 6-1　　我国消费支出份额及其结构（1993～2019 年）　　单位：%

年份	全社会消费支出份额	居民部门消费支出份额	政府部门消费支出份额	居民部门消费支出占总消费支出的比重	政府部门消费支出占总消费支出的比重
1993	58.627	44.184	14.443	75.365	24.635
1994	58.411	44.256	14.156	75.765	24.235
1995	59.260	45.923	13.337	77.494	22.506
1996	60.243	47.030	13.213	78.066	21.934
1997	59.873	46.112	13.761	77.016	22.984
1998	60.683	45.735	14.948	75.368	24.632
1999	62.849	46.475	16.374	73.948	26.052
2000	63.872	47.093	16.779	73.730	26.270

年份	全社会消费支出份额	居民部门消费支出份额	政府部门消费支出份额	居民部门消费支出占总消费支出的比重	政府部门消费支出占总消费支出的比重
2001	62.226	45.986	16.240	73.901	26.099
2002	61.298	45.517	15.781	74.255	25.745
2003	58.318	43.455	14.863	74.514	25.486
2004	55.518	41.432	14.086	74.628	25.372
2005	54.657	40.470	14.186	74.045	25.955
2006	52.787	38.648	14.140	73.214	26.786
2007	50.906	37.234	13.673	73.141	26.859
2008	49.801	36.413	13.388	73.116	26.884
2009	50.081	36.646	13.434	73.175	26.825
2010	48.791	35.719	13.072	73.209	26.791
2011	49.900	36.464	13.436	73.074	26.926
2012	50.872	37.171	13.701	73.067	26.933
2013	51.190	37.373	13.817	73.009	26.991
2014	50.982	37.663	13.319	73.875	26.125
2015	52.575	38.601	13.974	73.421	26.579
2016	53.781	39.463	14.318	73.377	26.623
2017	53.262	38.740	14.522	72.735	27.265
2018	55.058	44.233	10.825	80.339	19.662
2019	56.019	45.175	10.844	80.643	19.357

　　在充分认识我国消费份额发展的基本情况之后，在全球化视野下研究不同国家消费支出份额及其结构特征，对于新征程上更好研判我国消费份额的变动趋势意义同样重大。结合 OECD 资金流量表中的非金融流量相关信息，表 6 - 2 给出了 2019 年消费份额的国际比较结果。

表 6 - 2　　　　　　　　**2019 年消费份额的国际比较**　　　　单位：%

国家或地区	最终消费支出 占 GDP 的比重	政府部门消费支出 占 GDP 的比重	住户部门消费支出 占 GDP 的比重
澳大利亚	73.971	21.742	52.229
奥地利	71.012	19.459	51.552
比利时	74.359	23.026	51.333
加拿大	78.418	20.663	57.755
智利	85.335	16.916	68.419
哥斯达黎加	81.046	16.751	64.295
捷克	66.404	19.589	46.816
丹麦	71.077	24.128	46.949
爱沙尼亚	69.699	19.540	50.159
芬兰	75.753	23.188	52.565
法国	76.593	22.984	53.609
德国	72.227	20.245	51.982
希腊	89.228	20.108	69.119
匈牙利	69.290	20.067	49.223
爱尔兰	41.275	12.016	29.259
以色列	74.418	22.063	52.590
意大利	78.434	18.619	59.816
日本	74.559	19.961	54.598
拉脱维亚	77.667	19.434	58.233
立陶宛	76.968	16.893	60.076
卢森堡	50.912	17.243	33.669
墨西哥	76.298	11.393	64.905
荷兰	68.099	24.615	43.484
新西兰	76.014	18.898	57.116
挪威	68.002	24.104	43.899
波兰	75.802	18.022	57.780
葡萄牙	81.055	16.997	64.058

续表

国家或地区	最终消费支出占 GDP 的比重	政府部门消费支出占 GDP 的比重	住户部门消费支出占 GDP 的比重
斯洛伐克	75.944	19.585	56.359
斯洛文尼亚	70.779	18.334	52.445
西班牙	76.231	18.862	57.369
瑞典	70.692	25.753	44.938
瑞士	63.759	11.355	52.404
英国	83.348	19.013	64.335
美国	81.388	14.072	67.316
欧盟 19 国	74.056	20.516	53.540
欧盟 27 国	74.184	20.785	53.399
巴西	85.128	19.984	65.144
中国	56.019	16.771	39.248
俄罗斯	69.536	18.370	51.166
南非	81.533	21.296	60.237

从国际比较来看，我国最终消费支出占 GDP 比重明显偏低。2019 年，我国的最终消费占 GDP 比重为 56.019%，其中政府部门和住户部门消费分别为 16.771% 和 39.248%，位列样本国家的倒数第三名（按从高到低排序），略高于爱尔兰和卢森堡。其中，欧盟 19 国和 27 国样本最终消费支出占 GDP 的比重分别占 74.056% 和 74.184%，高出我国对应的水平接近 20%。从全社会最终消费支出的结构来看，欧盟国家政府部门最终消费支出比重的均值约在 20%，住户部门最终消费支出比重的均值维持在 53% 上下，与我国消费结构也存在明显差异。与发展中国家对比来看，我国最终消费支出也处于较低的水平，比如墨西哥为 76.298%，俄罗斯为 69.536%，南非为 81.533%。不难看出，与世界主要经济体相比，我国消费占 GDP 比重确实偏低，特别是住户部门消费支出比重偏低。

提振内需，特别是扩大消费需求是近年来我国实现高质量发展的重要路径。如何有效扩大居民消费需求，对于实现中国经济结构转型具有重要的理论和政策意义。基于最终消费率的国际比较可知，我国最终消费率长期低出世界平均水平约 20 个百分点，无论是与发达国家相比，还是与发展中国家相比，我国最终消费率都相对较低。居民部门收入不足，尤其是国民收入初次分配阶段的收入不足和消费意愿低迷成为居民部门消费率下降的重要成因（潘春阳等，2010）。

二、国民收入分配影响消费的理论机制

消费不足这一现象在我国经济增长进程中长期存在，为有效提振消费，扩大需求、刺激消费一直以来都是政府宏观政策调控的重要导向。农村地区消费低迷一度成为中国消费扩张的制约，伴随着农产品价格市场体系的不断完善，社会保障制度的不断健全为农村居民收入奠定了长期保障，"家电下乡""汽车下乡"以及"万村千乡"一系列市场工程活动的陆续开展，为满足农村居民不断增长的消费需求，提高农村地区消费规模发挥了重要作用。近年来，不断发展的中国城镇化进程使得居民家庭对住房的需求持续增长，相当规模的房产支出成为家庭支出的重要组成部分，一定程度上扭转了中国居民家庭的高储蓄倾向。尽管如此，新冠肺炎疫情发生以来，中国居民家庭的储蓄倾向又有所回升，低消费率的现象始终未能从根本上得到解决。

相关文献中解释中国"高储蓄、低消费"的代表性研究主要有以下三种分析方向。其一是"预防性储蓄倾向"。改革开放以来，我国持续深化经济社会体制改革，但在社会主义市场经济发展过程中，社会保障制度建设一度滞后于经济发展，为了应对教育、医疗和养老等潜在的大额不确定支出，长期预防性储蓄的增长一定程度上降低了居民的消费意愿。其二是"收入分配结构失衡"。在社会主义市场经济体制改革进程中，我国城乡之间、地区之间和行业之间的收入差距长期存在，低收入地区和低收入人群的收入增长幅度长期低于高收入地区和高收入人群，按照经济学边际消费倾向递减的基本原理，低收入人群的消费倾向远高于高收入人群，加之稳定的中等收入群体还远未形成，因此与全年度住户部门的收入形成相比，

居民部门整体消费总量明显偏低。其三是消费的特定行为论。在人的一生中，消费在特定时期呈现典型的峰值，比如住房支出、教育支出和医疗支出。即使在信贷普遍和金融体系发达的情况下，这些特定的支出高峰仍然需要一定时期的储蓄积累，因而当居民家庭为这些特定大额消费支出而储蓄时，其常规消费水平势必受到一定影响。不仅如此，在崇尚节俭、相对保守的传统文化背景下，居民消费观念也在一定程度上成为我国消费低迷的成因。

从理论上讲，消费需求已成为影响国民经济发展的重要阻碍，而有效需求不足的成因主要是消费力水平不高（谭顺和郭乾，2017）。以马克思－卡莱斯基（Kalecki）的劳资分配和有效需求理论为基础，有学者从总需求增长来源的角度出发建立了工资与经济增长之间的理论关系，一方面，工资作为消费的重要来源，提高工资可以直接刺激需求；另一方面，工资作为企业主要的生产成本之一，工资增长会压缩企业利润，因此提高工资可能会抑制企业的投资需求，上述两种不同的总需求增长来源，分别被称为"工资拉动型经济增长"和"利润拉动型经济增长"（Bhaduri and Marglin，1980）。刘盾等（2014）基于中国数据的实证分析表明，现阶段我国工资对经济增长的影响属于"工资拉动型"，即工资上升会直接刺激社会总需求的增加。但也有研究表明，当前我国总需求增长机制属于"利润拉动型"经济增长（邹薇和袁飞兰，2018）。黄乾和魏下海（2010）使用中国省级面板数据，考察了劳动收入比重变化对国内需求和总产出的影响，实证研究发现，我国国内需求体系属于工资导向型，提高劳动收入份额不仅可以促进居民消费增加，还有助于经济增长。

从国民收入分配的角度，对居民部门消费份额低迷的研究基本从国民收入结构失衡的角度予以解释，政府、企业和住户部门收入分配结构的扭曲是主因。自20世纪90年代国民收入统计制度健全以来，对国民收入分配格局的研究开始追溯到改革开放以来的一段时期，其中政府部门和企业部门收入份额的持续上升，以住户部门收入份额的长期下降为代价。21世纪初，政府与企业部门收入的稳步上升一定程度上形成了对住户部门收入的挤压，收入下降的直接效应就是居民部门消费份额的下降，而伴随着的是投资的高速增长，政府部门最终消费也有所提升（李扬和殷剑锋，

2007；方福前，2009；潘春阳等，2010）。在居民部门收入份额不足，尤其是初次分配环节居民消费份额不足的宏观背景下，居民部门的消费份额自是难有较大增长潜力，这一状况在 21 世纪的第一个十年尤其明显。但伴随着房地产市场的繁荣，以房贷和消费贷为主要内容的居民部门借贷规模呈现出较大的增长态势，因而近年来居民部门消费份额有较大的上升。新冠肺炎疫情以来，伴随着全球经济环境的低迷和不景气，居民部门借贷消费有所回暖，可以预期的是，未来一段时间居民部门的消费份额或仍将处于低位徘徊态势。稳增长、振内需是未来一段时期的宏观经济政策导向。

关于我国居民消费份额长期低迷的原因，已有文献基于国民收入分配结构的研究，大多是从资金流量表政府、住户和企业部门收入份额的现状及其长期波动态势的分析出发，针对三个部门收入分配格局的长期趋势及其国际比较，所形成的基本结论是政府或企业部门收入对居民部门收入的挤压，但国民收入分配对最终消费影响的程度如何，始终缺乏直接的定量分析。更重要的是，对于国民收入分配结构是否存在一个最优规模，以及这一最优国民收入分配格局将如何影响居民的最终消费水平，始终未能获得有效的定论。鉴于此，本章拟结合世界各国资金流量表的宏观数据，以国民收入初次分配的劳动者报酬份额为被解释变量，最终消费率（分政府部门和居民部门）水平为解释变量，使用回归分析的方法系统地考察国民收入分配格局与居民消费之间的动态关系。

从国民收入分配的流程上看，虽然归属于居民部门的初次分配收入很大程度上构成了居民部门可支配收入的主体来源，但从最终消费形成的过程判断，税制结构（包含消费税、劳动收入税和社会保障缴费）也是影响居民最终消费份额的重要因素。因此，回归分析中我们同时纳入了消费税有效税率、劳动收入税有效税率和社保缴费占劳动者报酬的比重三个控制变量，以进一步观测国民收入分配中的税制结构对居民消费份额的影响。从现实来看，减税降费是我国政府刺激消费的常用举措，尤其是党的十八大以来，我国"减税降费"已经走过了十余年历程，政策导向先后从"结构性减税"发展为"定向减税和普遍性降费"，进而过渡为"普惠性减税与结构性减税并举"和"减税与退税并举"的结构性转变，减税降费总规模超过 10 万亿元。大规模减税降费的成效如何，对于居民部门消费份额的提振是否有显著的政策效果，这同样值得关注。

三、国民收入分配影响消费的实证结果

居民部门收入份额与最终消费率之间的关系是本部分实证回归需要重点回答的问题。从微观上看，居民家庭消费是收入的函数，特定时期的收入有多大比重用于当期消费，用边际消费倾向予以度量。其结论往往与居民收入水平相关，收入越高的群体，边际消费倾向越低；而收入越低的群体，其边际消费倾向越高。这一边际消费倾向的数值化水平在宏观上将如何予以度量，是后文回归分析的重点数值。结合前述研究同时发现，1995～2015 年，绝大多数国家的消费税、劳动税以及资本税的有效税率均呈现出增长趋势，其中以中国宏观有效税率的年均增幅上涨最为明显，但接下来的问题是：国民收入分配结构、税制结构与有效税率之间是否存在理论上的定量关系？

实证分析的目的主要在于回答两个问题：其一是居民部门初次分配收入份额与最终消费之间的关系为何，提高劳动者报酬份额将在多大程度上影响居民部门最终消费水平；其二是回答税制结构与居民部门最终消费之间的关系如何，减税降费是否能有助提振消费水平。本章使用的数据是跨国资金流量表，主要目标在于宏观上考察国民收入结构与消费份额之间的关系，意在捕捉二者之间的一般性规律，而实际上，不同国家消费习惯和消费结构应当有其特定的发展趋势，因此，回归分析中我们控制了国家（地区）的固定效应以及年份维度的时间固定效应。

回归方程如下：

$$consu_{i,t} = \beta_0 + \beta_1 ls_{i,t} + \beta_2 pit_{i,t} + \beta_3 hssc_{i,t} + \mu_i + \nu_t + \epsilon_{i,t} \qquad (6-1)$$

式（6-1）中，$consu$ 代表全社会最终消费支出占 GDP 的比重（后文根据需要区分政府部门和住户部门），ls 代表劳动份额，用劳动者报酬占 GDP 的比重表示，pit 代表消费税有效税率，用生产税净额占最终消费支出的比重表示，$hssc$ 代表社保缴费占劳动者报酬的比重。μ_i 为各国不随时

间变动的固定效应，ν_t 为年份固定效应，$\epsilon_{i,t}$ 为模型的随机扰动项。分别使用随机效应和固定效应进行回归，结果见表6-3。

表6-3 　　　　　　　　　　国民收入分配、税制结构与最终消费份额

变量	(1)	(2)	(3)	(4)
	全社会最终消费支出占 GDP 的比重（%）			
	随机效应	固定效应		
劳动份额（%）	0.597 *** (0.111)	0.619 *** (0.108)	0.618 *** (0.114)	0.616 *** (0.111)
消费税有效税率（%）	-0.486 *** (0.147)	-0.549 *** (0.149)	-0.476 *** (0.148)	0.568 *** (0.149)
劳动收入税有效税率（%）	-0.308 ** (0.125)	-0.295 ** (0.134)	-0.332 ** (0.140)	-0.389 ** (0.148)
社保缴费占劳动者报酬的比重（%）	0.259 *** (0.043)	0.217 *** (0.067)	0.259 *** (0.043)	0.200 *** (0.065)
常数项	61.134 *** (5.726)	65.069 *** (6.709)	60.170 *** (6.125)	68.975 *** (8.119)
年份效应		Y		Y
国家效应			Y	Y
观测值个数	784	784	784	784
R^2	0.545	0.590	0.545	0.594
国家数量	42	42	42	42

注：*** 表示 $p < 0.01$，** 表示 $p < 0.05$，括号内的数值为标准误差。

表6-3 的实证分析结果表明，劳动收入份额、税制结构与全社会最终消费支出份额之间具有显著的相关关系。更重要的是，无论是随机效应模型，还是在控制住年份的时间固定效应或控制住国家的地区固定效应，以及同时控制时间和地区的双向固定效应之后，回归系数的规模和显著性都未发生本质改变，上述数量关系仍然十分显著。其中，国民收

入初次分配中的劳动份额对全社会最终消费支出份额的影响系数在 0.595～0.619 之间，这也意味着对于 42 个样本国家而言，平均来看，住户部门初次分配收入份额占全社会最终消费支出份额的比重接近 60%。也就是说，在全球消费扩张相对困难的情况下，如果想要有效提振全社会最终消费水平，提高居民部门收入份额是相对有效的方式。对于税制结构而言，消费税有效税率、劳动收入税有效税率与最终消费支出份额呈现出显著的负相关关系，消费品负担的税负规模，以及劳动收入中用于缴纳个人所得税的比重，都将在一定程度上制约全社会最终消费水平的提高。社保缴费占劳动者报酬的比重，由于可以视为对居民未来消费的延期保障，因此，社会保障缴费越高，全社会最终消费支出的份额反而会有所提升。这很大程度上源于居民对未来消费的预期得到加强，不仅未来消费得到保障，当期的消费支出也会有所增长。

从全社会最终消费支出份额的组成结构来看，又可以分为居民部门最终消费支出和政府部门最终消费支出，而劳动份额作为居民部门初次分配收入的重要组成部分，其最直接的影响应当是居民部门消费支出规模。因此，表 6-4 以居民部门最终消费支出占 GDP 的比重作为考察变量。

表 6-4 　　　　　国民收入分配、税制结构与居民部门消费份额

变量	(1)	(2)	(3)	(4)
	居民部门最终消费支出占 GDP 的比重			
	随机效应	固定效应		
劳动份额（%）	0.346 *** (0.106)	0.377 *** (0.110)	0.382 *** (0.111)	0.411 *** (0.114)
消费税有效税率（%）	-0.242 (0.157)	-0.272 * (0.157)	-0.191 (0.168)	-0.219 (0.168)
劳动收入税有效税率（%）	-0.293 *** (0.103)	-0.342 *** (0.107)	-0.304 ** (0.119)	-0.349 *** (0.122)

续表

变量	(1)	(2)	(3)	(4)
	居民部门最终消费支出占 GDP 的比重			
	随机效应	固定效应		
社保缴费占劳动者报酬的比重（%）	0.056 (0.035)	0.081 * (0.043)	0.055 (0.035)	0.075 * (0.043)
常数项	92.874 *** (7.565)	86.185 *** (15.438)	91.668 *** (7.306)	87.312 *** (16.512)
年份效应		Y		Y
国家效应			Y	Y
观测值个数	784	784	784	784
R^2	0.373	0.405	0.375	0.406
国家数量	42	42	42	42

注： *** 表示 $p < 0.01$， ** 表示 $p < 0.05$， * 表示 $p < 0.1$，括号内的数值为标准误差。

表 6 - 4 的研究结果表明，以居民部门最终消费支出占 GDP 的比重来衡量，劳动份额对最终消费支出的回归系数规模有所下降，维持在 0.346 ~ 0.411 之间，这也意味着，对于居民部门最终消费支出份额的提升而言，提高国民收入初次分配中的劳动份额可以实现 34.6% ~ 41.1% 的效果。消费税有效税率对居民部门最终消费支出的影响系数虽然为负，但这一数值在统计上不再显著。劳动收入税有效税率与居民部门最终消费支出份额呈现负相关关系，随着劳动收入税规模的提升，居民部门最终消费支出份额还将呈现出显著的下降态势。对于个人所得税改革而言，有提高直接税比重、降低间接税比重的政策导向。结合表 6 - 4 的实证结果可知，一个可选择的方案是提高高收入人群的税收负担，并且加强对高收入人群的税收稽查和监管，以协同实现扩大内需和优化税制结构等目标。与表 6 - 3 类似，社保缴费占劳动者报酬的比重与居民部门最终消费支出份额之间呈正相关关系，但这一回归系数在统计上不具有显著性。

表 6 - 5 是政府部门最终消费支出占 GDP 的比重作为考察变量，虽然

政府部门对居民部门初次分配收入份额的影响有限，但政府部门征收的直接税和间接税又在某种程度上来源于居民部门，因此考察政府部门最终消费支出份额的影响因素同样具有重要价值。

表 6 – 5　　　　国民收入分配、税制结构与政府部门消费份额

变量	(1)	(2)	(3)	(4)
	政府部门最终消费支出占 GDP 的比重			
间接税占 GDP 的比重（%）	0.580 ** (0.251)	0.588 *** (0.202)	0.589 ** (0.257)	0.604 *** (0.217)
直接税占 GDP 的比重（%）	0.226 * (0.127)	0.347 *** (0.128)	0.294 * (0.149)	0.361 ** (0.144)
社会保障缴费占劳动者报酬的比重（%）	0.168 *** (0.023)	0.097 *** (0.027)	0.205 *** (0.026)	0.108 *** (0.027)
常数项	14.233 * (8.530)	38.715 *** (7.417)	12.709 (10.239)	44.553 *** (9.937)
观测值个数	787	787	787	787
R^2	0.487	0.6	0.490	0.601
国家个数	42	42	42	42

注：*** 表示 $p < 0.01$，** 表示 $p < 0.05$，* 表示 $p < 0.1$，括号内的数值为标准误差。

表 6 – 5 的实证结果表明，对于政府部门最终消费支出而言，无论是国民收入初次分配中的间接税份额，还是国民收入再分配中的直接税份额，以及社会保障缴费份额，都将显著影响政府部门最终消费支出份额。实际上，上述三者（间接税、直接税和社会保障缴费）共同构成了政府部门初次分配收入和政府部门可支配收入的绝大部分，这也意味着，对于政府部门而言，以政府消费带动全社会消费支出份额的提升，很大程度上依赖于对直接税、间接税和社会保障缴费的政策干预力度，且以间接税为主。直接税占 GDP 的比重对政府部门最终消费支出份额的回归系数虽然为正，但这一数值在统计上并不具有显著意义。

四、主要结论及建议

国民收入分配的宏观研究为解释我国消费低迷提供了新的视角。结合各国资金流量表的宏观数据，以国民收入初次分配的劳动者报酬份额为被解释变量，全社会最终消费率水平为解释变量，使用回归分析方法系统地考察国民收入分配格局与全社会消费之间的动态关系。刺激居民消费有两种途径。其一是从收入端出发，增加居民劳动者报酬占增加值的比重，这一点符合中国近年来的改革动向。回归分析的结果表明，劳动者报酬占GDP的比重每增长1个百分点，则最终消费支出占GDP的比重可以提高0.6个百分点，其中居民最终消费支出占GDP的比重可以增长约0.4个百分点。其二是降低税负。基准回归结果表明，消费税有效税率每降低1个百分点，将使得最终消费份额提高0.5个百分点；劳动收入所得税（不包含居民社保缴费）每下降1个百分点，将使得最终消费份额提高0.3～0.4个百分点。居民社保缴费的回归结果表明，增加社保缴费将提高最终消费支出和政府消费支出的份额，对居民部门最终消费支出的影响在统计上不显著。

降低间接税和劳动所得税的有效税率是重点。从回归分析中的结果发现，消费税有效税率每降低1个百分点将使得全社会消费支出占GDP的比重增加约0.5个百分点，将使得居民部门消费支出份额增加约0.2个百分点。但从政府部门的消费份额来看，间接税税收收入占GDP的比重每增长1个百分点将促进政府消费占GDP的比重提高约0.5个百分点，因此在间接税税收收入上需要进行权衡，尤其是与政府同期的财政政策和经济发展目标相协调。陈共（2002）认为，虽然流转税的可转嫁性使得间接税减税的刺激效应大打折扣，但税负转嫁是有条件的，由供求关系决定；其次，减税后的资源仍然在企业和居民部门流动，对民间投资和消费的刺激效应是存在的，因此降低间接税的作用不可忽视。降低劳动收入负担的个人所得税也将显著促进全社会，尤其是住户部门的消费支出份额。

值得关注的是，住户部门社会保障缴费的增加可以显著增加消费支出份额。通常来讲，社保缴费是住户部门的支付负担，会显著降低当期可支配收入的份额，进而影响消费和投资，因此在住户部门中增加社保缴费会降低当期消费水平。回归分析的结果表明，居民部门社会保障支出占劳动者报酬的比重升高，反而会促进全社会消费份额提升，增加的份额主要来源于政府部门消费份额的提高，对居民部门消费份额的影响不显著。伴随着全球人口老龄化的加剧，居民部门社会保障缴费的增加一定程度上意味着退休人员的养老金待遇水平的提高，而退休人员的收入很大部分将用于消费，大规模的老年人口将贡献全社会消费份额中的很大比重，这或将成为我国扩大内需的有效选择之一。

第七章 政府转移收入的再分配效率研究[*]

本章从方法论和实证分析两个角度，探讨政府对居民转移支付在缩小居民收入差距上的效率表现。在方法论上，出于可分解性和具有经济学含义的考察，创新性地提出再分配非效率指数，并将其分解为排序改变和累进性偏离两项，借此考察政府再分配政策在缩小居民收入不平等上的效率表现及其决定因素。作为本领域未来重要的研究方向，本章强调探讨各国社会保障体系制度安排的必要性，并提醒读者注意累进性与收入再分配效应之间的复杂关系。

一、政府参与收入分配的理论回溯

经济学尤其是财政学基础理论告诉我们，调节收入分配和缩小收入差距是政府最重要的职能之一。以效率为目的的市场运作，最终导致收入不平等程度加大，远远超出当代社会公平与平等价值观所能接受的程度，由此政府必须介入收入分配领域，通过税收和社会保障支出等手段调节收入差距。

在实证方面，诸多文献显示了各国政府尤其是发达国家政府在缩小居民收入差距上发挥着重大的作用。例如，有研究对 OECD 成员国的测算结

---

* 原文部分刊发于岳希明、周慧、徐静：《政府对居民转移支付的再分配效率研究》，载于《经济研究》2022 年 9 期，第 4~20 页，有删改。

果表明，在政府收入再分配政策介入之前，以基尼系数衡量的居民收入差距（即市场收入差距）在0.5左右（Kristjánsson，2011；Mahler and Jesuit，2006），但经过收入再分配政策调节之后，除极个别国家之外，人均可支配收入的基尼系数均下降至0.4以下，政府收入再分配政策可令居民收入基尼系数降低16~20个百分点。[①]

与发达国家相比，发展中国家政府对居民的收入分配政策虽然起到一定的调节作用，但其幅度远远低于发达国家。例如，一项针对阿根廷（仅城镇）、玻利维亚、巴西、墨西哥和秘鲁五国的计算结果显示，政府的收入再分配政策虽然能够缩小居民收入差距，但效果非常有限，与政府介入之前市场收入基尼系数相比，政府介入后的人均可支配收入基尼系数仅降低2个百分点左右（阿根廷除外，该国接近5个百分点）（Lustig，2011）。就市场收入差距和政府转移支付的收入再分配效应而言，在人均可支配收入基尼系数（即收入再分配政策介入后的居民收入差距）上，中国远远高于OECD国家均值，但在市场收入差距上，二者相差不大。即使是发达国家，市场收入的基尼系数有时也很大，超过0.5的情况并不少见，甚至超过中国的市场收入差距，这也意味着，中国等发展中国家人均可支配收入基尼系数（即政府收入再分配政策介入后的收入差距）之所以低于OECD先进国家，其主要原因在于后者的收入再分配调节力度远远超出前者，在由市场因素决定的收入不平等程度上，发达国家和发展中国家之间并没有显著的差异（蔡萌和岳希明，2016）。

但是因为样本国家数量和代表性的限制（其中缺少发展中国家样本，尤其是经济发展水平最低的国家样本），已有文献未能有效揭示政府收入再分配效应与经济发展水平之间的关系。为了观察这一点，我们使用44个国家数据进行了相关计算，[②] 结果发现，人均可支配收入基尼系数与人

---

① 蔡萌、岳希明（2016）使用Milanovic（1999）提供的OECD 22个国家基尼系数，比较了市场收入基尼系数和人均可支配收入基尼系数之间的差距，结果是后者较前者平均低15%，这表明，经过政府收入再分配政策的调节，以基尼系数衡量的居民收入差距下降了15个百分点。

② 世界银行按人均收入水平把所有国家划分为四组：人均GDP低于1035美元为低收入国家；人均GDP在1035~4085元为中低收入国家；人均GDP在4085~12616美元为中高收入国家；人均GDP不低于12616美元为高收入国家。在本章的44个国家样本中，包括高收入国家30个、中高收入国家8个、中低收入国家5个、低收入国家1个。详细信息参见本章第四节对数据来源和样本国家的介绍。

均 GDP（对数值）之间呈现出显著的负相关关系，但市场收入基尼系数与人均 GDP（对数值）之间的关系不显著。由此可见，政府收入再分配政策是促成经济发展与收入不平等之间出现某种规律的力量。

通过比较政府收入再分配政策前后居民收入差距的变化来测量收入再分配效应的方向及其大小，是以往文献最常见的做法。以个人所得税为例，居民税前收入基尼系数和税后收入基尼系数之差是文献中最常用的测量和评价个人所得税收入分配效应的方法。[1] 当该差值大于 0 时，即税后收入差距小于税前收入差距时，表明税收缩小了居民收入差距，反之则扩大了居民收入差距；等于 0 时，表明税收对收入差距没有影响，此时的税收称为比例税收。这一差值可以进一步分解为横向公平和纵向公平两项，从中可以看出平均税率水平、税收累进性以及税负是否改变居民收入排序（通常简称为排序改变）对收入再分配效应的影响（Kakwani，1984）。该分解在测量税收收入分配效应的同时，进一步提供了税收调节居民收入分配机制的信息，因此成为目前分析税收累进性和收入分配效应最常见的工具。政府对居民的转移支付可作同样分析，视为负税收。

作为最常用的方法，不平等指数差值法（包括差值及其分解，简称差值法）提供测量和评价收入再分配效应所需基本信息，但大量经验研究发现，它不仅具有显著的局限性，而且具有一定的误导性。该方法的局限性表现在：从某种意义上讲，差值法仅就收入再分配效应提供了一个不言而喻的结果。这样说的理由在于目前各国收入再分配政策的制度安排。一方面，个人所得税普遍采取超额累进税率制，其税负一定倾向于高收入人口；另一方面，以养老金、低保为代表的政府社会保障支出，其资金分配基本能够保证向低收入人口的倾斜。因此，两种政策手段均具备再分配政策的累进性，因此具有缩小收入差距的功能。但差值法所提供的相关信息优势具有一定的误导性。比如，当收入再分配政策前后收入不平等指数之差取正值时，即按差值法判断，相关收入再分配政策起到了缩小收入差距的作用时，并不意味着进一步加大相关政策力度会进一步缩小收入差距，

---

[1]　该方法同样适用于测量和评价社会保障支出的收入再分配效应。

有时正好相反。目前我国整体社会保障支出即处于这种状态。①

　　在测量和评价政府收入再分配政策的以往文献中，除了估计和考察收入再分配实际效应的差值法分析之外（称效应分析），还有探讨收入再分配政策手段在缩小收入差距上效率表现的研究（称效率分析）。与实际测量和评价收入再分配效应方向和大小的效应分析不同，效率分析以一定规模的政府再分配政策所能达到的最大收入分配效应（或收入分配效应的最大潜力）作为参照系，并将实际收入再分配效应与此参照系相比，由此测量和评价相关收入再分配工具在缩小收入差距方面的效率高低。效率分析的以往文献主要包括两个方面的内容，首先是寻找何种税负分摊方案以及何种政府对居民转移支付资金的分配方案，能够最大限度地缩小居民收入差距，即刻画和定义最优收入再分配方案。在此基础之上，其次是提供并估计效率指数，借此评价政府收入再分配政策在缩小居民收入差距上的效率表现。不难看出，从某种意义上讲，效率分析较效应分析更具有政策含义，现实意义更强。

　　着眼于再分配效率分析，与以往文献不同，本章通过定义并分解再分配非效率指数的方式，进一步挖掘在缩小居民收入差距上政府收入再分配政策的非效率来源，为改善当前世界各国收入再分配政策效率表现提供有用的信息和政策建言。

二、再分配研究相关文献综述

　　政府收入再分配政策效应研究领域文献复杂，类别繁多。尽管如此，相关研究广义而言无乎两类：第一类是对收入再分配效应实际值的测量和分析，即效应分析；第二类是对收入再分配手段在缩小收入差距上效率表现的度量，即效率分析。前者通过估计税收和政府转移收入的收入分配效应，试图回答的问题是收入再分配政策手段是否以及在多大程度上缩小或扩大了居民收入差距。后者的目的在于测量和考察收入再分配政策在缩

① 相关讨论参见徐静等（2018）的论述。

小居民收入差距上的效率表现。具体而言，它首先定义给定规模收入再分配政策的最大（或潜在）效应（如给定政府转移收入能够缩小收入不平等的最大程度），然后以此为参照系或尺度，通过对比潜在效应和实际效应，来评价现行收入再分配政策的效率表现。以下就两类文献进行简单的综述和评价。

1. 再分配效应分析

首先是再分配效应分析。关于个人所得税累进性和收入分配效应的大量研究，属于该类文献中最早且最重要的部分（Pigou，1928；Musgrave and Thin，1948；Kakwani，1977），[①] 但是在 1984 年以前，税收的累进性指数和税收的收入再分配效应测度指标并未完全区分开，在众多的税收累进性指数研究中，有些后来被发现实际是测量税收收入再分配效应的尺度，而非衡量税负分布的指标。例如，有学者提出了 4 种衡量税收累进性的指数，其中，有效累进性（effective progression）被定义为税后平等指数与税前平等指数之比，当该指标取值等于 1 时，税率为比例税率，取值大于（小于）1 时，为累进（累退）性税率（Musgrave and Thin，1948）。该指数与后来用税前与税后收入基尼系数之差衡量税收收入再分配效应的做法类似，因此与其说是衡量累进性的指标，毋宁说是测量税收再分配效应的尺度。

卡克瓦尼（Nanak Kakwani）第一次把税收的累进性和税收的收入再分配效应区分开，其将税前收入基尼系数和税后收入基尼系数之差（即 $G_X - G_Y$）定义为税收的收入再分配效应测度指标，并在此基础上进行了分解（Kakwani，1984）。分解公式如下：

$$R = G_X - G_Y$$

$$= (C_Y^x - G_Y) + \frac{r}{1+r} \cdot (C_T^x - G_X) \qquad (7-1)$$

式（7-1）中，R 表示再分配效应，X、Y 和 T 分别代表税前收入、

---

① 关于税收累进性的简单综述，参见徐静（2014）的论述。

税后收入和税负，G 和 C 分别表示基尼系数和集中率，G_X 和 G_Y 分别是税前和税后收入的基尼系数，C_Y^X 和 C_T^X 分别表示按税前收入（X）排序计算的税后收入（Y）和税负（T）的集中率，r 表示平均税率。式（7 - 1）中第二行第一项被称为横向公平项，第二项为纵向公平项，分别用 H 和 V 表示，因此有 $R = H + V$。

横向公平项（H）等于税后收入（按税前收入排序计算）的集中率与其自身基尼系数之差，即 $H = C_Y^X - G_Y$。根据税收理论，在税负的横向公平原则下，负税能力相同的人税收负担要相等，但实际上，横向公平原则是否得到满足，其判断标准是税收是否保持了居民的收入排序，如果每个居民按税前收入排序和按税后收入排序都相同，表明税收保持了横向公平，否则即违背了税收的横向公平原则。这一点与合理财政计划的激励保护性特征是一致的（Fei，1981）。如果税收不改变居民收入排序，则有 $C_Y^X - G_Y = 0$，否则一定是 $C_Y^X - G_Y < 0$，且排序改变的程度越大，$C_Y^X - G_Y$ 的绝对值也越大。当税收改变排序（即 $C_Y^X - G_Y < 0$）时，收入再分配效应 R 的取值变小（Kakwani，1980；Atkinson，1980；Plotnick，1981）。换言之，如果税收改变居民的排序，因此违背横向公平的话，税收的收入再分配效应会因此受到负向影响。

纵向公平项（V）由两项构成：$r/(1 + r)$ 和 $(C_T^X - G_X)$，后者即是税收累进性指数，用 P 表示（Kakwani，1977）。税收累进性指数等于税负按税前收入排序计算的集中率减去税前收入基尼系数。

$$P = C_T^X - G_X \tag{7 - 2}$$

当 $P > 0$ 时，表明税负集中于高收入人群，或平均而言税率随纳税人收入提高而上升，即为累进性税率，此时税收具有缩小收入不平等的作用。当 $P < 0$ 时，则为累退性税收，具有扩大收入差距的效用。当 $P = 0$ 时，税率为比例税率，此时税负对收入差距没有影响。可见，税收累进性指标 P 是税收纵向公平原则——"税负与负税能力成正比"的衡量指标，这也是 $V = \dfrac{r}{1 + r}(C_T^X - G_X)$ 作为纵向公平项的来源。值得注意的是，通常人们所说的累进（退）性税收具有缩小（扩大）收入差距作用，是以 $H = 0$（或即使 $H < 0$ 但 H 的绝对值足够小）作为前提的。平均税率（r）与

累进性指数（*P*）完全相同的两个税率表，其收入分配效应（*R*）也有可能不同，原因在于不同的税率表可能导致不同 *H* 值。这一点在考察社会保障支出（或政府转移支付）的收入再分配效应时出现的概率较大。

卡克瓦尼指数是收入再分配效应测量领域的划时代性文献，文中提供的收入再分配效应测度指标及其分解以及包含其中的累进性定义，是目前应用最广的指数和方法，但其提供的信息仍然十分有限。仅以测量和评价收入再分配效应的实际值为目的，单纯依赖 R 指数及其分解结果远远不够，对基尼系数进行合理分解显得十分必要。

在测量收入再分配效应的其他方法中，基尼系数按收入构成分解也是重要的方法之一。当人均总收入等于若干分项收入时，总收入的基尼系数等于分项收入集中率（按总收入排序计算）的加权平均数，权重为分项收入占总收入的比重。此种方法旨在通过分解测量分项收入对总收入不平等的贡献考察总收入不平等的成因。税收可作为负收入成为总收入的一项构成，政府转移收入作为居民可支配收入的构成，其收入分配效应也常用该方法进行测量和评估。从基尼系数按收入构成分解得到的信息当中，最具价值的当属边际效应估计值（Lerman and Yitzhaki，1985）。以政府转移收入为例，该边际效应估计值表示，在其他分项收入一定的前提下，当所有人的转移收入发生微小变化时（如均增加 1%），由此引起的总收入基尼系数的变动方向和大小。当边际效应估计值为负数时，说明政府转移收入的增长（或其在总收入中占比上升），将缩小收入不平等，因此具有缩小收入差距的功能。否则具有扩大收入差距的功能（为正数时），或对收入差距没有作用（为 0 时）。值得注意的是，此处收入为包括转移收入在内的总收入。

虽然同为测量税收（或政府转移收入）收入再分配效应的指标，R 指数和边际效应估计值在意义上完全不同。R 指数测量的是收入再分配政策总体效应，即与税前收入差距相比，税后收入差距缩小或扩大了多少。从基尼系数按收入构成分解中得到的边际效应估计值，显示当税负（或政府转移收入）发生微小变化后税后收入的基尼系数变化多少的信息。可以说，两个指数的估计值具有一定的互补性。然而，当我们测量政府转移收入的再分配效应时，R 指数和边际效应指标提供的信息通常是矛盾的，即根据 R 指数的估算结果，政府转移收入具有缩小收入差距的作用，但按边际效应估算结果评价的话，则具有扩大收入差距的效应（徐静等，2018）。这种表面看似矛盾的结果，主要是二者之间关联关系尚未确立所致，徐静等人提出用基尼系数路径曲线进行补充。以政府转移收入为例，基尼系数路径曲线定义如下：在其他收入构成给定的前提下，包括政府转移收入在内的总收入基尼系数随该转移收入规模变化形成的轨迹。很显然，基尼系数路径曲线同样适用于税收的收入分配效应分析。基尼系数路径曲线的优点在于，它把 R 指数和边际效应指标统一于一个分析框架中，同时提供以上两个指标所包含的信息。不仅如此，收入再分配手段对收入不平等的作用机制和过程在此也得到充分的讨论和展示。

2. 再分配效率分析

与效应分析相关文献相比，效率分析相关文献数量少、历史短，且内容单一、集中。效率分析集中于如何定义最优再分配方案，即何种税负或转移收入的分配方案才能最大限度降低收入不平等，以实现其收入再分配的最大潜力（Fei，1981；Fellman et al.，1999；Enami，2017；徐静等，2018）。上述四个文献均给出最优再分配政策的定义，并从不同的角度对其性质进行了刻画。[①] 尽管表述方式不同，但最终定义的最优再分配方案是一致且唯一的。

收入再分配政策称为财政计划（fiscal program），包括税收（taxation）和转移支付（transfer payment）两个部分（Fei，1981），其目的在于探索税收和转移支付在何种条件下可以最大限度缩小收入不平等。其基本假定是预算平衡，即假定税负总额等于转移支付总额。税负总额（或转移支付总额）又称预算规模（budget size），是基于社会共识决定的用于缩小收入差距的资源总额。用向量 $G_Y = (G_1, G_2, \cdots, G_n)$ 表示财政计划，Y 表示财政计划实施前收入，n 表示个体（个人、户、地区或国家）的数量，当

---

① 作为收入再分配政策工具，徐静等（2018）仅仅考察了政府转移支付，其他三个文献同时考察了税收和转移支付。

$G_i < 0$ 时，表示个体 i 接受转移支付（金额），相反，当 $G_i > 0$ 时，表明个体 i 支付税负（金额）。预算平衡意味着 $\sum_{i=1}^{n} G_i = 0$。

当一个财政计划满足最小累进性（minimally progressive）和激励保护性（incentive preserving）两个性质时，被认为是合理财政计划（rational program）。最小累进性指的是，当 $Y_i \geqslant Y_j$ 时，一定有 $G_i \geqslant G_j$，即收入高的人缴纳的税额也越多（或接受的转移支付额越小）。与此同时，激励保护性指的是财政计划不改变收入排序，如果 $Y_i \geqslant Y_j$，一定有 $Y_i - G_i \geqslant Y_j - G_j$，即个体的收入排序在收入再分配政策介入前后保持一致。

在给定居民分布的条件下，如果想要最大限度缩小收入不平等，对应的是二值财政计划（two valued program），支付税收的人群其税后收入完全相同，得到转移支付的人其转移支付后收入完全相同。具体而言，在财政规模给定的条件下，可以得到两个值：M_* 和 M^*，且 $0 < M_* \leqslant M^*$，当 $Y_i > M^*$ 时，个体 i 须纳税，税额为 $Y_i - M^*$；但当 $Y_i < M_*$ 时，个体 i 接受转移支付，金额为 $M_* - Y_i$。满足如此条件的财政计划为二值财政计划，它可以最大限度缩小居民收入差距。在由预算规模决定的众多财政计划中，$M_* = M^*$ 是一个特殊的情况，被称为平均偏差财政计划（mean deviation program），此时预算规模最大。[①] 在此财政计划下，个体缴纳金额为 $Y_i - \overline{Y}$ 的税负，当 $Y_i - \overline{Y} < 0$ 时，按转移收入处理，即接受该金额（绝对值）的转移支付。

针对不同类型财政计划在缩小收入不平等程度上的比较分析可知，二值财政计划最大（因财政规模而异），合理财政计划次之，其他财政计划更次之。在理论分析基础上，有学者进一步给出了最优再分配政策的定义，提供了衡量和评价现有收入再分配政策效率的指标，并使用芬兰的数据进行了实证分析（Fellman et al.，1999）。收入再分配政策被称为税收·转移支付体系，最优税收政策（optimal tax policy）的定义如下：在税收规模给定的情况下（用人均税负水平 τ 衡量），总存在一个税后收入的

[①]　与上述正文相呼应，解释何谓有意义的财政规模。即，个体要么纳税，要么接受转移支付。

最低标准 a，税前收入大于此标准的人（即 $x > a$）缴纳税负，税额为 $x -$
a；税前收入小于或等于该标准的人（即 $x \leqslant a$）无须缴税，税负为 0。最
优税收的生成规则如下：

$$g_0(x) = \begin{cases} x, & x \geqslant a \\ a, & x < a \end{cases} \qquad (7-3)$$

式（7 – 3）中，$g_0(x)$ 表示税后收入函数，x 表示税前收入。根据给
定的税负总额，最优税负政策实施之后，实际缴纳税负的人，其税后收入
皆相等，且均高出或等于未缴纳税负人的收入。如此的税负分配方式可以
最大限度地降低收入差距。类似地，论文定义了最优转移支付政策（opti-
mal benefit policy），具体内容是，在政府转移收入规模一定（用人均转移
收入额 ρ 表示）的情况下，可以取得一个值 b，由此产生以下最优政府转
移支付分配方案：

$$h_0(x) = \begin{cases} b, & y \leqslant b \\ y, & y > b \end{cases} \qquad (7-4)$$

式（7 – 4）中，$h_0(x)$ 表示转移支付实施后的收入函数。由此可见，
最优转移支付方案实施之后，接受政府转移收入的人收入水平相同，且为
最低收入 b，获得转移支付的规模为 $b - y$。未接受转移支付的人，其收入
均高出接受转移支付人的收入水平。

由此可知，最优收入再分配政策是完全相同的。其中，二值财政计划
中最大值 M^* 与最优税负中的 a 值相同；二值财政计划中最小值 M_* 与最
优转移支付中的 b 值相同。不同之处在于是否假定预算平衡，即是否假定
税收规模等于转移支付规模。当预算平衡时，M^* 和 M_* 由预算规模唯一决
定，前者是预算规模的强单调递增函数（strictly monotonically decreasing
function），后者为预算规模的强单调递减函数（strictly monotonically in-
creasing function）。而在没有预算平衡时，最优税负中的 a 值由税负总额
决定，而 b 值则由转移支付规模决定（Fellman et al.，1999）。政府对居
民的最优补贴方案（即最优转移支付方案），也被称为补短板式补贴方案，
即在政府补贴规模给定的条件下，首先把补贴发放给初始收入由低到高排
序的第一个人，即最低收入者，使其收入相当于排序中的第二个人，即次
低收入者，接下去补贴最低收入的两个人，使其收入等于排序中第三个人

的收入水平，如此反复下去，直到用尽所有的补贴（Enami，2017；徐静等，2018）。综合已有文献（见表 7 – 1），以下就效率指标给出简单解释。

表 7 – 1　　收入再分配过程、不同种类基尼系数与再分配指标

收入再分配过程和不同种类的基尼系数	再分配指标
$R^*\begin{cases} R\begin{cases} G_X：补贴前基尼系数 \\ G_Y：补贴后基尼系数 \end{cases} \\ IE\begin{cases} \\ G^*：最小基尼系数 \end{cases} \end{cases}$	$R = G_X - G_Y$ 为卡克瓦尼指数； $E = \dfrac{R}{R^*}$为效率指数； $IE = \dfrac{R^* - R}{R^*}$为非效率指数

用基尼系数 G^* 表示最优再分配政策实施之后的不平等程度，[①] 由此，$R^* = G_X - G^*$ 可用来表示收入再分配效应的最大值，它表示给定规模的收入再分配政策在缩小收入差距上的最大潜力。收入再分配效应的实际值和潜在值的比值即效率指数，用来衡量和评价现实收入再分配政策在缩小收入差距上的效率大小，用公式表示如下：

$$E = \frac{G_X - G_Y}{G_X - G^*} \equiv \frac{R}{R^*} \qquad (7-5)$$

式（7 – 5）中，E 代表效率指数，其取值为 $E \leqslant 1$，当 $E = 1$，表明相应政策手段在缩小收入差距上实现了其最大潜力。E 取值越小，效率越低。当 $G_X < G_Y$ 时，E 取负值，意味着再分配政策工具扩大了收入差距。

如上所述，效应分析文献以政府政策收入再分配的实际效应作为考察对象，测量和分析政府政策是否以及在多大程度上缩小了收入差距。效率分析的目的在于考察政府政策在缩小收入差距上的效率表现，以一定规模的政策所能达到的最大收入分配效应（或收入分配效应的潜力）作为参照系，通过指数的估计测量政策收入再分配政策在缩小收入差距方面的效率高低。本章属于效率分类的领域，即考察对象为政府收入再分配政策在缩

---

① 此处的收入再分配政策可以仅为税收，或仅为政府转移支付，或为二者的组合。

小收入不平等的效率表现。已有效率分析文献，重点在于刻画最优再分配政策方案以及效率指标的定义和分析，其方法论的贡献在于刻画最优再分配政策的性质和提供评价现行再分配政策效率所需要的指标，其实证的贡献在于使用住户调查数据和应用效率指标对一些国家的收入再分配效率进行评估。与此相比，本章则更进一步，在指标定义的基础上考察政府收入再分配政策的非效率源泉。具体而言，通过非效率指数的定义及其分解，本章试图考察导致政府收入再分配政策非效率（或无效率、效率不足）的原因，其在方法论和实证两方面具有显著的原创性，并较以往效率分析文献具有更强的政策含义和现实意义。

三、再分配非效率指数及其分解

1. 最优再分配政策方案的集中率特征

基于已有文献对最优收入再分配政策的定义及其性质的刻画可知，最优税收和转移支付都是相同和唯一的。但不足之处在于，它们在定义最优再分配政策以及刻画其性质时，均未涉及最优方案的累进性，即未能解释最优方案的累进性特征，未能使用累进性概念刻画最优方案的特征。用累进性定义和刻画最优方案的必要性，来自对（非）效率源泉考察的需要，尤其是当我们试图对（非）效率进行分解，并由此挖掘非效率的源泉时，则有必要了解最优方案的累进性特征。

遵循税收累进性的定义，笔者把最优方案的累进性定义为最优方案的集中率减去再分配政策介入之前居民收入的基尼系数，因实证部分重点考察社会保障支出（或政府对居民的转移支付，也称政府转移支付收入）的效率表现，以下以转移支付（而非税收）为例对非效率指数定义及其分解进行解释，但所有的相关讨论均适用于税收。最优转移支付（方案）的累进性表现如下：

$$P^* = C^* - G_X \qquad\qquad (7-6)$$

其中，P^* 和 C^* 分别代表最优转移支付方案的累进性和集中率。式（7-6）

中转移支付前收入的基尼系数（G_X）是一定的，因此最优方案累进性特征完全依赖其集中率特征。那么，与其他（非最优）方案相比，最优转移支付方案的累进性具备何种特征呢？或者何种累进性的转移支付能够令转移支付最大限度降低收入不平等呢？众所周知，为了起到缩小收入差距的作用，再分配政策必须满足累进性，具体而言，转移支付资金的分配必须向低收入人口倾斜，否则再分配政策则无法缩小收入差距。那么是否累进性越强越能缩小收入差距呢？答案是否定的。把所有转移支付集中于收入最低的一个人时，累进性最强，但很显然，除非转移支付资金规模足够小，否则集转移支付于一人之身的资金分配方式并不能最大限度缩小收入差距，甚至会扩大收入差距。由此可见，为了一定规模转移支付资金最大限度发挥缩小收入差距的作用，资金分配必须倾斜于低收入人口，但倾斜程度不能超出一定限度，或者说必须满足一定的条件。

从式（7-1）可以看出，要最大限度发挥一定规模转移支付的收入分配效应，须令 R 指数取值最大化，要令 R 指数取最大值，须令其两个分解项的合计取最大值。令两个分项取最大值的资金分配方案是在不改变排序条件下累进性指数取值最大的方案，即在保持 $H=0$ 的条件下令 P 值取最大值。[①] 横向公平效果与累进性指数之间存在的关联，是理解最优方案累进性的关键。具体而言，在一定条件下，增强累进性可以降低非效率或提高效率，但与此同时一定会引起排序改变（即 $H<0$），因此导致非效率的增加，二者抵消的结果是后者大于前者，即增加资金分配的累进性将损害转移支付缩小收入不平等的效率表现。本节将就此进行详细的讨论。

就最优方案而言，转移支付方案需满足以下条件，即在转移支付资金分配之后，接受转移支付的人收入都相等，且低于未接受转移支付人的收入。正是这种"补短板式"资金分配方式，在保持收入排序不变的条件下，实现了资金对低收入人口的最大倾斜。

与非最优方案的累进性相比，最优方案的累进性又有哪些特征呢？根据卡克瓦尼（Kakwani N C）对累进性的定义，转移支付的累进性等于转

---

① 式（7-1）中的平均税率 r 表示税负规模，是给定的。转移支付时为转移支付率，即转移支付总额与转移支付前收入总额的比率。

移支付的集中率减去转移支付之前收入的基尼系数，在后者给定的情况下，累进性完全依赖集中率。以下通过比较不同转移支付方案的集中率，考察最优转移支付方案集中率的特征（见图 7-1）。可以看出，最优方案将转移支付总额的 64% 分配给了收入最低的 20% 人口，支付到收入最低的 50% 的人群时，整个转移支付资金分配完毕。

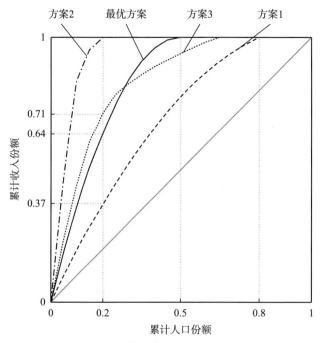

图 7-1　不同转移支付方案的集中率曲线

与最优分配方案相比，方案 1 同样是累进性资金分配方案，因其位于 45°线之上，意味着不仅转移支付率和收入之间成反比，同时转移支付绝对额也如此，换言之，收入越低的人得到转移支付的绝对额也越大。然而，与最优方案相比，方案 1 累进性不足。如图 7-1 所示，该分配方案的集中率曲线位于最优方案的右下侧，对任何给定比例的最低收入人群，其得到转移支付资金总额的比重远远低于最优方案，该方案最终将收入最低的 80% 的人群都纳入了转移支付资助的对象，远远高于最优方案的

50%。由于累进性不足，转移支付对低收入人口的倾斜程度不够，收入相对较高的人口也得到了补贴，因此其缩小收入不平等的功能也受到了严重的削弱。与方案 1 正好相反，方案 2 为累进性过强的资金分配方式，收入最低的 20% 人群用尽了所有的转移支付资金，与此相比，最优方案的人口覆盖面为最低收入人口的 50%。该方案令得到转移支付资助的低收入人口拿到政府转移收入之后，其收入高于没有机会接受政府资助的其他低收入人口，收入排序因此发生改变（即 $H<0$），转移支付缩小收入不平等的功能也由此受到了损害。

方案 3 选取了在累进性指数取值上与最优方案相等的方案，换言之，该方案的集中率等于最优方案，但并不等同最优方案。该方案对最优方案的偏离之处表现在，其资金分配过度倾斜于最低收入人口，但对次低收入人口资金分配不足，且得到转移支付人口的比重超出了最优方案。例如，该图显示，该方案把 71% 的转移支付资金分配给了收入最低的 20% 人口，较最优方案高出 5 个百分点。对最低收入人口倾斜过度的资金分配，其结果是改变收入排序，损害转移支付资金缩小收入不平等的功能。

图 7-1 清楚地显示了最优方案与其他方案之间在集中度或累进性上的区别，但未能十分准确地展示两类方案在改变排序上有何不同。根据定义，最优方案不存在改变收入排序的现象。与最优方案相比，累进性过强或向低收入人口过度倾斜的方案会改变排序，方案 2 和方案 3 即属于此类。与累进性过强方案相比，累进性不足的资金分配方案 1 是否会改变收入排序，或者是否存在收入排序改变的现象呢？对此，答案是肯定的，而且最好的答案来自各国的实践。根据本章下一节的分析结果可知，在所考察的 44 个国家转移支付资金分配上，无一例外均出现累进性不足和排序改变共存的现象，这一点说明，世界各国对居民转移支付资金的分配，在向低收入人口倾斜不足的同时，又因对某些低收入群体倾斜过度而导致居民收入排序改变，这种状况具有一般性和普遍性，其他方案（图 7-1 中的最优方案、方案 2 和方案 3）均在现实中不存在。

为什么会出现政府转移支付资金分配对低收入人群倾斜不足的同时，却又改变收入排序的情况呢？简而言之，这一点可能来自现实的复杂性。这里所说政府转移支付包括一国政府通过诸多社会保障支出项目向居民家庭进行的收入转移，这些社会保障项目在界定受益对象时多以非金钱指标为标准（低保等少数项目除外），且在界定标准和给付金额上缺少协调，这些项目的综合实施结果，虽然能够实现社会保障资金整体上向低收入人群倾斜，但是若要保持不破坏居民家庭按转移支付之前收入的排序，几乎是不可能的。接受社会保障项目资助的人群多为低收入群体（按社会保障支出项目实施之前的收入水平衡量），因此转移支付导致的收入排序变化预计多发生在低收入群体或中低收入群体之间，在低收入与高收入人群之间大面积发生排序改变的可能性应当很小，也就是说，除非一国的相关制度安排特别不合理，否则转移支付令低收入人口上升为高收入人口的概率并不高。以我国为例，养老保险是我国最大的社会保障项目，但目前我国养老保险处于分割状态，养老金水平在不同人群之间差异显著。领取养老金之前，行政事业单位退休人员属于低收入群体，但在领取退休金之后，其中一部分人的收入水平甚至高出大学毕业生的工资水平，因而导致大幅度的收入排序改变，进而影响再分配政策效能的发挥。

2. 非效率指数及其分解

在明确了最优补贴的累进性特征之后，我们开始给出再分配（非）效率指数分解的解释。以往文献把收入再分配效应现实值和潜在值的比例定义为效率指数，它反映收入再分配效应最大潜力中已经实现的部分，与此相反，最大潜力中未实现部分的比重即可定义为非效率指数，用公式表示如下：

$$IE = \frac{G_Y - G^*}{R^*} \tag{7-7}$$

IE 表示非效率指数，等式右侧项的分母表示给定转移支付规模的最大收入再分配效应，分子表示潜在效应中未实现的部分。与效率指数同样，它剔除了转移支付规模对转移支付实施之后的基尼系数的影响（即独立于转移支付规模），因此具有可比性，可以用来比较和评价不同国家在收入再分配政策缩小收入差距上的效率表现。根据卡克瓦尼（1984）对收入分配效应指数 R 的分解公式，式（7-7）分子的 G_Y 和 G^* 可分别表示如下：

$$G_Y = G_X - H + \frac{r}{1+r}P \tag{7-8}$$

$$G^* = G_X + \frac{r}{1+r}P^* \qquad (7-9)$$

在最小基尼系数分解公式中，P^* 表示最优方案的累进性指数，即在不改变排序条件之下取值最大的累进性，横向公平项 H 因最优方案不改变排序而消失。把式（7-8）、式（7-9）代入式（7-7）后整理得：

$$IE = -\frac{1}{R^*}H + \left(1 - \frac{P}{P^*}\right) \qquad (7-10)$$

式（7-10）即为非效率指数的分解公式。该式的右侧由两项构成，分别表示导致非效率的两种源泉。第一项衡量转移支付是否改变收入排序所引起的非效率，我们称之为排序改变项；第二项衡量现实转移支付方案累进性与最优方案偏离所导致的效率损失或非效率，我们称之为累进偏离项。以下就两项的含义以及它们之间的关系进行解释。

首先看排序改变项，项中有两个变量，其中 R^* 取决于转移支付前的收入不平等程度和转移支付的规模，为此我们视其为常数项或外生项。由此，排序改变项的取值完全依赖于变量 H。H 与式（7-1）中横向公平项完全相同，其取值范围为小于或等于零（即 $H \leq 0$），当居民收入排序在转移支付前后发生变化时 $H < 0$，否则 $H = 0$。也就是说，当转移支付资金分配改变人们的收入排序，因此违反横向公平原则时，会导致效率损失或非效率。排序改变的程度越大，导致的效率损失也越大。若无排序改变（即 $H = 0$），则无效率损失。值得注意的是，排序改变的影响和含义，非效率分解和收入再分配效应分解之间是一致的。具体而言，排序改变（即 $H < 0$）在前者表现为非效率的产生或增强，而在后者则表现为收入再分配效应的弱化和降低，两者含义是相同的。

接下来看累进性偏离项。需要注意的是，现实方案累进性对最优方案的偏离，既包括在累进性指数取值的差异，同时包含是否改变排序，因为最优方案累进性意味着不改变排序，如果现实方案引起居民收入排序的改变（无论其累进性取值如何），也是对最优方案的偏离，但其影响反映在排序改变项中，而不反映在累进偏离项中，累进偏离项仅仅测量现实方案与最优方案在累进性指数取值上差距对效率产生的影响。

当现实方案累进性不足时（即 $P > P^*$），该项取值大于零，意味着产生或增加效率损失。如果现实方案同时令居民收入排序改变，则产生额外的效率损失，如上所述，这些额外的非效率反映在排序改变项中，而不计入累进性偏离项。当现实方案和最优方案的累进性指数取值相同时（即 $P = P^*$），此时累进性偏离项等于 0，无效率损失产生。同样，此时并不排除现实方案改变排序，如果现实发生的话，其影响计入排序改变项。最后，当现实方案累进性过渡时（即 $P < P^*$），累进性偏离项取负值（即 $1 - P/P^* < 0$），其含义是，超过最优方案的累进程度令资金分配进一步向低收入人群倾斜的做法在累进性偏离项表现为缩小非效率或提高效率，但与此同时，因资金分配过于倾斜于低收入人口，不可避免地导致排序改变，由此产生非效率，此时，累进性增强的非效率减少效果小于排序改变的非效率增加效果，二者相互抵消后，最终导致非效率的增加。

从最优方案出发，我们对最优方案的资金分配方式进行各种改变，改变的方向是让资金分配更倾向于穷人（按转移支付之前的收入水平衡量），因此与最优方案相比，累进性更强，然后观察包括排序改变项和累进偏离项等指标的变化情况（见表 7-2）。从最优补贴出发，任何增强累进性的资金分配方式，在增强累进性，因而降低非效率（累进偏离项变为负数）的同时，不可避免地引起收入排序改变，由此导致非效率的产生，因后者超出前者，最终导致非效率的出现。不仅如此，非效率的大小与金额变动的相对大小（与最优方案相比）有着直接的联系。例如，以收入最低的第一人为例，与最优方案相比，方案 a 和方案 b 变动均为 10 元，效率损失的估计值也相同。与此不同，最优方案与方案 d 之间金额相差 50 元，由此导致的非效率较方案 a 和方案 b 大得多。

表 7-2   最优方案和其他累进性更强方案的比较

个人	原始收入	最优方案	方案 a	方案 b	方案 c	方案 d
1	100	110	120	110	120	160
2	110	100	90	110	100	50
3	200	10	10	0	0	10

续表

个人	原始收入	最优方案	方案 a	方案 b	方案 c	方案 d
4	300	0	0	0	0	0
5	400	0	0	0	0	0
合计	1110	220	220	220	220	220
补贴率（r）	—	0.1982	0.1982	0.1982	0.1982	0.1982
转移支付前基尼系数（G_X）	—	0.2847	0.2847	0.2847	0.2847	0.2847
转移支付后基尼系数（G_Y）	—	0.1414	0.1474	0.1474	0.1474	0.1714
横向公平（H）	—	0.0000	− 0.0090	− 0.0090	− 0.0120	− 0.0451
累进性指数（P）	—	− 0.8665	− 0.8847	− 0.8847	− 0.9029	− 0.9574
收入分配效应（R）	—	0.1433	0.1373	0.1373	0.1373	0.1133
排序改变项	—	0.0000	0.0629	0.0629	0.0839	0.3147
累进性偏离项	—	0.0000	− 0.0210	− 0.0210	− 0.0420	− 0.1049
非效率（IE）	—	0.0000	0.0420	0.0420	0.0420	0.2098

注：因四舍五入，分项加总有时不等于合计数。
本表前6行单位为元，后9行无单位。
方案 a：把最优方案个人 2 转移收入减少 10，相应地增加个人 1 的转移支付；
方案 b：把最优方案个人 3 转移收入的全部转移给个人 2；
方案 c：把最优方案个人 3 转移收入的全部转移给个人 1；
方案 d：把最优方案个人 2 转移收入减少 50，相应地增加个人 1 的转移支付。

四、再分配非效率相关实证结果及分析

利用上一节提供的分析方法，本节对主要国家社会保障支出或政府对居民转移支付项目在缩小居民收入差距上的效率表现进行实证分析，首先对所使用的数据进行简单的介绍。

实证使用卢森堡微观收入数据库（the Luxembourg Income Study Database，LIS）的微观住户数据，该数据库是当前政府再分配政策跨国研究中应用最广泛的数据库之一，提供了全球多个国家住户和个人维度收入、消费等信息，旨在为研究者提供协调、可比的微观数据，已经成为税收和政府补贴再分配效应研究的标杆（Ferreira et al. , 2015）。[①] 为了满足跨国收入数据的可比性，LIS 数据库在 2011 年对数据结构和指标变量进行了全新的统一构建,[②] 新的可支配收入包含了货币和非货币收入两个部分，但不包括资产的非货币收入和政府非货币性的普惠性转移收入。[③] 数据库同时提供了个人维度的人口权重以提高样本对各国的代表性。目前大多数国家数据较新且较全的年份是 2013 年（Wave IX），这也是本章以下实证分析的对象年份。

使用 LIS 微观数据对政府再分配效应的研究数不胜数，不仅包含相同国家的长期比较和不同国家同一时期的截面比较，也包括不同国家间长期趋势分析。数据库本身也提供了非常多的工作论文。[④] 以 2013 年数据为基准，在剔除缺少政府补贴构成的国家以及主要指标异常的数据之后，最终获得了 43 个国家的样本，按世界银行根据收入水平的分类，其中 30 国（占整个样本的 69.8%）为高收入国家，8 国（18.6%）为中高收入国家，5 国（11.6%）为中低收入国家，无低收入国家样本。

表 7 - 3 给出了主要变量的描述性统计量，展示了收入再分配政策效应和效率分析的最基本信息。例如，转移支付前收入基尼系数均值为 0.520，转移支付之后下降至 0.404，二者之差即所谓的再分配效应指数（R 指数），也就是说，经过转移支付的再分配政策调节之后，44 个样国的基尼系数平均降低了 11.6 个百分点，降低幅度不可谓不大。44 个国家

---

① 数据库起初主要是发达国家样本，现在已经逐渐包括中等收入国家的样本，其中，发达国家数据的住户收入构成中有个人所得税和政府补贴的详细数据，但绝大多数发展中国家只有政府补贴的详细数据，这也是本章选择研究补贴再分配效率的又一原因。

② LIS：The LIS Database：Documentation. http：//www. lisdatacenter. org/wp-content/uploads/our-lis-documentation-restructuring. pdf. ； https：//www. lisdatacenter. org/data-access/key-figures/methods/，2018 年 11 月 29 日。

③ 其中资产的非货币收入主要指家庭自有耐用品的折算收入，这类收入因估算方法多样而结果差异很大，并且通常的微观数据中也不提供此类收入信息；政府非货币性的普惠性转移支付主要指政府提供的满足一定条件的福利，比如住房和儿童补贴、教育或卫生领域的非货币性转移收入，这些非货币性的福利通常是宏观数据，难以从个人维度进行估算。

④ 参见 LIS Working Papers：http：//www. lisdatacenter. org/lis-wp-webapp/app/search-working-paper。关于各国政府再分配研究最新的工作论文参见 Caminada et al. (2018)。

非效率指数均值为 0.549，即 54.9%，说明就平均水平而言，政府转移支付在缩小居民收入差距的效率表现上，仅实现其最优潜力的 45.1%，尚未达到其最大潜力的一半。不仅如此，非效率估计值因国而异，国别差距很大，分国别的相关信息在第八章予以详细展示。又如，效率指数样本均值为 45.1%，非效率均值为 54.9%，表明从平均水平来看，各国收入再分配效应不及其最大潜力的一半。再如，在 54.9% 的非效率估计值中，26.2% 来自排序改变，剩余的 28.7% 来自累进性偏离，更准确地讲，来自累进性不足。非效率两个来源项的取值均为正数，表明 44 个样本国中的任何一个国家均存在排序改变和累进性不足的情况，这是目前各国非效率源泉分布的基本模式。以下对实证结果进行详细的解释，但无非是进一步探索和挖掘表 7 - 3 描述性统计量所包含的更深刻含义和相关变量之间的关系。

表 7 - 3　　　　　　　　　再分配效率指标的描述统计

变量及含义	样本数	均值	最小值	最大值
转移支付前的基尼系数（G_X）	44	0.5195	0.3484	0.7628
转移支付后的基尼系数（G_Y）	44	0.4044	0.2930	0.6929
横向公平（$H = C_Y^X - G_Y$）	44	−0.0618	−0.1630	−0.0073
累进性指数（$P = C_T^X - G_X$）	44	−0.8151	−1.0258	−0.3245
转移支付率（$r = T/X$）	44	0.2685	0.0319	0.6253
再分配效应（$R = G_X - G_Y$）	44	0.1151	0.0027	0.2517
最优再分配政策实施之后的基尼系数（G^*）	44	0.2940	0.1585	0.6185
最优再分配政策的累进性（P^*）	44	−1.1608	−1.4402	−1.0453
收入再分配效应的最大值（R^*）	44	0.2256	0.0409	0.4120
效率指数（$E = \dfrac{G_X - G_Y}{G_X - G^*} \equiv \dfrac{R}{R^*}$）	44	0.4505	0.0460	0.7026
非效率指数（$IE = \dfrac{G_Y - G^*}{G_X - G^*}$）	44	0.5495	0.2974	0.9540
横向非效率（$HIE = -H/R$）	44	0.2628	0.1155	0.4457
纵向非效率（$VIE = 1 - \dfrac{P}{P^*}$）	44	0.2867	0.0596	0.7548

表7-3显示，54.9%的非效率均值由26.2%的排序改变和28.7%的累进性偏离构成，说明在导致非效率上，两个源泉同等重要。另外，在各国排序改变和累进性偏离两项估计值均大于0，不存在排序改变项等于0和累进性偏离项小于或等于0的情况，说明与最优方案相比，每个国家的转移支付在改变居民收入排序的同时，资金分配向低收入群体倾斜程度不够，即累进性不足。换言之，改变排序和累进性不足同时并存，是各国转移支付资金分配的一般现象。

从以往关于库兹涅茨倒"U"型假说以及相关讨论可以看出，转移支付再分配效应的大小与经济发展程度有着密切的关系，即二者之间存在正相关关系。从图7-2可以看出，转移支付收入再分配效应与人均GDP之间存在显著的正相关关系，图中的回归结果表明，人均GDP每增长1%，基尼系数平均降低4.2个百分点，人均GDP的差距解释了44个样本国收入再分配效应差异的42%。

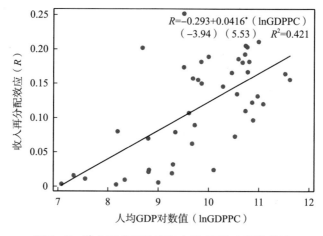

图7-2 收入再分配效应与人均GDP之间的关系

卡克瓦尼对收入再分配效应的分解公式显示，一国收入再分配效应的大小，取决于排序改变、转移支付率以及累进性三个变量，其中的排序改变和累进性两个变量融合于效率指数之中，因此R指数完全依赖转移支付规模及其效率表现两个指标，即在效率给定的条件下，转移支付率越高，

R 指数越大。同样，在转移支付率给定的前提下，效率越高，R 指数越大。刚刚看到的再分配效应与以人均 GDP 衡量的经济发展水平之间的关系，可能源于经济发展水平对转移支付规模及其效率的决定关系。[①] 在此我们考察一下 R 指数与转移支付规模及其效率之间的关系。理论上讲，R 指数百分之百依赖于转移支付规模及其效率两个因素，故无须进行此类分析，但考虑到转移支付规模及其效率对 R 指数的决定关系可能是非线性的（或未知的），以及有必要了解转移支付规模及其效率对 R 指数的不同贡献，相关回归结果显示在表 7 - 4 中。该表显示，R 指数分别对转移支付率和效率指数进行回归时，估计系数的显著性以及衡量模型解释程度的决定系数都很高，转移支付率的决定系数略高于效率指数，当把效率指数对转移支付率和效率指数同时进行回归时，小仅估计系数保持非常高的显著水平，且决定系数超过了 0.97，这表明，尽管我们不知道再分配效应与转移支付规模及其效率之间真实的函数关系，但完全可以用线性关系来近似。

表 7 - 4　　　　　　　　　　收入再分配效应的决定因素

	（1）	（2）	（3）	（4）
	被解释变量：收入再分配效应			
人均 GDP 对数值	0.0416 *** （5.53）			
转移支付比率		0.4262 *** （14.27）		0.2689 *** （17.01）
效率指数			0.3289 *** （12.51）	0.1880 *** （15.03）
常数项	- 0.2930 *** （- 3.94）	0.0007 （0.08）	- 0.0330 ** （- 2.57）	- 0.0417 *** （- 9.04）
样本量	44	44	44	44
R^2	0.4210	0.8291	0.7884	0.9737

注：括号里的数字为 T 值；*** 和 ** 分别表示估计系数在 1% 和 5% 的统计水平上显著。

---

①　把转移支付率对人均 GDP 对数值回归时，得到了 0.071 的估计系数（$t = 3.92$）以及 0.25 的决定系数（即 R^2），表明随着经济发展水平的提高，转移支付规模有不断提高的趋势。另外，经济发展水平与效率指数估计值之间存在显著的正相关关系，相关分析参见后文。

　　综合以上对再分配效应的讨论结果可知，收入再分配效应由转移支付规模与资金使用效率两个因素决定，且各国之间差距较大，此时的问题是，在观测到的各国在收入再分配效应差距上，转移支付率和效率指数两个因素哪个作用大、哪个作用小，各自的贡献如何？为了回答这个问题，我们利用基于回归分析的方差分解公式（Morduch and Sicular，2002），并使用表 7 - 4 的回归结果进行了分解。结果发现，转移支付率和效率指数的贡献度分别为 52.3% 和 45.1%，残差的贡献度为 2.6%。由此可见，在决定收入再分配效应的国别差异上，转移支付规模作用最大，超过了50%，但效率表现也十分重要，它决定国别收入再分配效应差异的45.1%。效率指数对人均 GDP 回归后，代入中国 GDP 得到的预测值为32.5%，该值代表发展水平与中国大致相关国家效率指数的均值，也就是说，我国转移支付在缩小收入差距上的效率表现不仅低于 44 个样本国家的平均水平（45.1%），同时也低于经济发展水平与我国大致相同国家的平均水平（32.5%）。如果我国能将效率表现提高到 44 个样本国家均值水平，我国居民收入基尼系数将由现在的 0.436 降至 0.389，即使提高到与发展水平大致相同国家的平均水平，我国居民收入基尼系数将缩小至0.409，由此可见，我国社会保障支出的收入再分配效应尚有较大的改善余地。

　　效率表现与经济发展水平是否有关系；经济发展水平较高的国家是否通过其较高的政府治理水平，提高了社会保障支出在缩小居民收入差距上的效率？为了考察这一点，图 7 - 3 描绘了效率指数估计值与人均 GDP 对数值之间的散点图，并提供了前者对后者回归的结果和拟合线。从散点图可以看出，二者之间存在显著的正相关关系，人均 GDP 越高，效率也越高。回归系数显示，人均 GDP 每增长 1%，效率指数增长 12.7 个百分点，这表明，随着经济水平的提高以及政府治理能力的提升，社会保障支出缩小居民收入差距的效率也随之改善和提高。效率指数与人均 GDP 之间存在显著的正相关关系，意味着非效率指数与经济发展水平之间存在负相关关系。

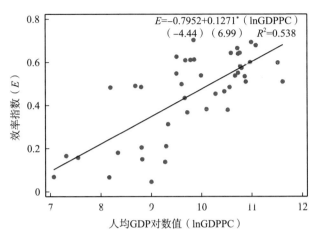

图7-3　效率与人均GDP之间的关系

在方法论部分，我们讨论了排序改变（与否）和累进性偏离之间的各种组合，其中一种是累进性过强（即与最优方案相比，现实方案的资金分配过于向低收入人群倾斜）一定会导致排序改变的情形，此时排序改变项取正值（即存在效率损失），累进性偏离项取负值（即表现为非效率减少和效率增强）。但从44个样本国家估计结果看来，此种情况并不存在。这一点有重大的政策含义，它意味着，转移支付资金分配向低收入人群倾斜程度不够是导致现有资金木能最大限度缩小居民收入差距的原因之一，而与最优方案相比累进性过强的情况，仅有理论上的可能性，而无现实性。

表7-5显示了非效率指数及其两个构成项对人均GDP对数值的回归结果，该表验证了以上的直观观察，即非效率中的排序改变部分与人均GDP无关，是累进性偏离项与人均GDP之间的负相关关系，最终导致了总体非效率与人均GDP之间的负相关关系。[①] 从此可以得出结论：转移支付资金分配向低收入人群的倾斜程度，随经济发展水平的提高而不断加强，由此令转移支付在缩小居民收入差距上的效率不断得到改善。

---

① 把累进性指数对人均GDP对数值回归，得到了 -0.119 的回归系数，T 值 = -6.60，R^2 = 0.509。

表 7-5　　　　　　　　　　　非效率构成和人均 GDP

	（1）	（2）	（3）
被解释变量	非效率	排序改变	累进性偏离
人均 GDP 对数值	-0.1271*** （-6.99）	-0.0016 （-0.13）	-0.1254*** （-7.14）
常数项	1.7952*** （10.02）	0.2786** （2.35）	1.5165*** （8.75）
样本量	44	44	44
R^2	0.5380	0.0004	0.5482

注：括号里的数字为 T 值；*** 和 ** 分别表示估计系数在 1% 和 5% 的统计水平上显著。

在经济发展过程中，为何社会保障体系能够把政府转移支付资金越来越多地分配给低收入人口？回答这一问题并不容易。以我国为例，我国的社会保障体系以养老保险为主，它最初仅覆盖行政事业单位以及城镇企业的退休人员，这部分人群虽然因为退休而失去工资收入，但因工作期间的储蓄以及家庭其他成员劳动和经营性收入的存在，至少与农村人口相比，他们不属于低收入人口。此时，仅以这部分人群为对象构建养老保障体系，其资金分配的累进性较弱，这一点是可想而知的。但是，随着时间的推移和经济的增长，我国先后出现了城乡居民基本养老保险、基本医疗保险以及城乡低保等社会福利项目，与此同时，财政对农村贫困人口的其他支持也不断加强。在社会保障体系不断完善的过程中，至少资金投入的增量部分更多地分配给了城镇和农村的低收入人口，使得整个转移支付资金的累进性不断增强。

五、主要结论及建议

收入再分配效应研究领域的文献可区分为两类：一类是测量和估计政府收入再分配政策的实际效应，即政府收入再分配政策是否以及在多大程度上缩小了居民收入差距。本章称该类文献为效应分析；另一类是对政府收入再分配政策在缩小居民收入差距上的效率表现研究，我们称之为效率分析。以往效率分析文献的研究内容主要有两类。第一，寻找和解释政府收入再分配政策的最优方案，即探讨何种税负分摊方式和（或）政府对居民转移收入如何分配方案能最大限度地缩小收入差距。第二，通过定义和估计效率指数评价研究对象的效率表现。与以往效率分析文献不同，本章的目标在于测量政府收入再分配政策效率，考察非效率表现的源泉，这在相关研究中属第一次尝试。

在方法论上，本章选择了非效率指数进行分解，这一点主要基于指数的可分解性和分解结果具有显著经济学含义的考虑。分解结果显示，在给定规模的情况下，某种收入再分配政策在多大程度能够缩小居民收入差距，取决于该政策的实施方案（税负如何分摊或者政府转移支付资金如何分配）是否以及在多大程度上改变居民的收入排序和该政策的累进性与最优方案累进性的偏离程度。在效率分析文献中，本章第一次用累进性定义并刻画了最优方案的特征，具体而言，最优方案具有不改变居民收入排序且累进性最强的特性，换言之，不改变排序且累进性最强的资金分配方式（包括税负分摊方式），能够最大限度地缩小居民收入差距，即令政策介入后的居民收入基尼系数最小。现实方案改变居民收入排序的程度越大，以及与最优方案累进性偏离得越远，其效率表现也越低，这是从非效率指数分解中得到的最主要结论。另外，本章还挖掘了排序改变与累进性偏离之间的联系，在一定程度上明确了导致排序改变的原因，即累进性过强的原因和其他原因。

根据非效率指数的分解公式，并使用卢森堡微观收入数据库，本章估算出 44 个国家政府转移收入的非效率指数并进行了分解，结果显示，44 个非效率指数的均值为 0.549（即 54.9%），但国别差异很大，且与人均 GDP 对数值之间存在显著的负相关关系，即经济发展水平越高，非效率越小，反之效率越高。从非效率指数分解结果看，均值中 26.2% 来自排序改变，28.7% 来自累进性偏离，这说明在导致非效率上，两个源泉同等重要。与经济发展水平联系起来看，排序改变项估计值与人均 GDP 对数值之间不存在显著相关关系，但累进性偏离项与人均 GDP 之间存在显著的负相关关系，这表明，随着经济发展水平的提高，政府转移支付向低收入人口的倾斜程度不断增强。除了非效率指数的估计和分解，本章在实证部分还估计和考察了收入再分配效应的国别差异等。

就相关领域的研究方向，本章提供两个研究课题。第一，本章给出44个国家非效率指数的估计值及其分解结果，为了进一步追究非效率来源，在此基础之上，需要深入考察各国社会保障制度的现行安排，并回答诸如以下的问题：为何各国普遍存在累进性不足与排序改变同时共存的情况；随经济发展水平的提高，社会保障资金的分配整体上向低收入人口倾斜程度不断增加的原因何在，是因为原有项目的累进性不断增强，还是因为新增项目的资助对象更加偏向低收入人口；如何降低转移支付资金分配对居民收入排序的改变程度；社会保障支出由养老保险、低保等诸多子项目组成，如何协调不同项目的资助对象和资助标准等，以期实现整个社会保障项目在不改变居民收入排序的前提下，最大限度地实现资金分配对低收入人口的倾斜？

本章提出的第二个研究方向是有关方法论问题，具体而言是关于累进性的定义问题。卡克瓦尼的累进性是目前使用最广泛的指标，本章沿用其定义。累进性指数的取值符号和大小对于相关政策的收入分配效应至关重要。但是需要注意的是，累进性仅为收入再分配效应的决定因素之一，政策规模的因素姑且不论，是否以及在多大程度上改变居民收入排序是相关收入再分配政策效应和效率大小的又一重要决定因素，这一点常常为人们所忽略。从以往文献和本章的讨论不难看出，政策规模和累进性完全相同的不同转移支付方案，其收入分配效应可能相差甚远，其原因在于不同方案所引起的居民收入排序改变程度不同。换言之，即使政策规模完全相同，累进性较强的方案，其收入再分配效应也可能弱于累进性较弱的方案，原因在于这一累进性定义未考虑相关政策改变收入排序的因素。在累进性定义上，是否应当以及如何考虑排序改变的因素，有待于进一步研究，但在实际分析过程中，时刻注意累进性与收入再分配效应之间的复杂关系是非常重要的。

第八章　政府转移收入再分配效率的国际比较

进入 21 世纪以来，随着经济社会的发展，全社会收入分配均面临着不同的新难题。为了实现全社会公平的收入分配，各国政府均在不同程度上加强了对税收和政府转移支付的作用力度，政府公共政策的收入分配效果也逐渐成为普通公众的关注点。各国政府转移支付缩小收入差距的政策效果存在显著差异，其中最重要的决定因素就是转移支付规模和分配方式。[①] 基于再分配非效率指数，本章系统地探讨了各国政府转移支付再分配效率的结构化特征，并详细讨论了转移支付规模和分配方式在政府再分配政策实践效果上的差异。

一、政府补贴缩小收入差距的理论回顾

无论是国民收入的循环过程还是居民可支配收入的形成过程，政府再分配政策都是其中至关重要的一个影响因素。自 1980 年以来，世界各地收入差距演变趋势存在着巨大差异，经济政策和社会制度是"造就"巨大差异的关键因素。[②] 经济政策将影响市场收入的不平等状况，而政府通过

---

① 公共部门转移支付，对居民而言属于转移收入的范畴，对政府而言属于转移支付的范畴，有时也称政府补贴。根据不同语境，存在混用的情形。
② 《世界不平均报告（2018）》，wir2018 wid world.

税收政策来调整高收入人群的过高收入，同时使用转移支付政策对低收入人群进行转移支付，最终影响全社会可支配收入的分布。收入再分配作为政府职能的重要内容，伴随着经济的发展和财政支出规模的不断扩大而逐渐强化，对于政府再分配政策缩小市场收入差距的实施效果长期以来是学者和政府关注的焦点。大多数研究度量政府政策缩小收入差距（即再分配效应）的方法是比较政策作用前的基尼系数与政策作用后的基尼系数。已有研究表明，政府转移支付政策具有缩小收入差距的作用，并且转移支付的再分配效应高于税收。[①]

分析各国政府转移支付前基尼系数与政府转移支付后基尼系数之间的关系，可以发现，所有国家的政府转移支付都改善了居民收入的不平等状况，因此几乎所有散点都位于45°线以下（见图8-1）。然而，尽管政府转移支付的再分配效应为正，但再分配效应在不同的国家存在着显著的差异。其中，绝大多数发达国家的散点都远离45°线，表明政府转移支付大幅降低了转移支付前的收入不平等状况，再分配效应较高；

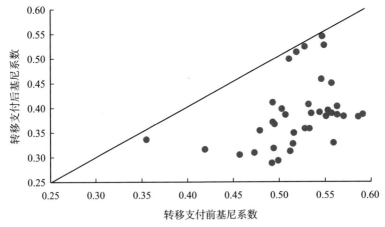

图8-1　政府转移支付前与转移支付后基尼系数

数据来源：卢森堡收入数据库（Luxembourg Income Study's micro-level database，LIS）最新一轮微观数据。

---

① 已有研究基本表明，政府转移支付的再分配效应占整体再分配效应的比重超过80%。

而在发展中国家中，一部分国家政府转移支付同样显著降低了转移支付前收入的基尼系数，但在以哥伦比亚、墨西哥等为代表的发展中国家中，散点位置非常靠近45°线，表明政府转移支付的再分配效应较低，甚至接近于0。

上述结果表明，政府再分配政策缩小收入差距的效果在不同的国家和地区确实存在着显著的差异，那么差异的根源何在？一些研究认为市场收入越不平等，政府用于再分配的财政支出规模越大，因而再分配政策的效应越大（Meltzer and Richard，1981；Kenworthy and Pontusson，2005）。由此可以得到影响政府再分配效应的两个因素：市场收入的不平等状况和政府转移支出的规模。除了上述两个因素以外，另一些研究开始关注政府转移支付的规模和效率之间的关系以及对再分配政策效应的影响。这些研究所称的效率均指瞄准效率，即转移支付是否使得低收入群体受益，用卡克瓦尼的集中率系数来度量（Kakwani，1986）。① 瞄准效率与转移支付规模都会影响收入不平等状态，与瞄准效率相比，政府转移支付的再分配效应受转移支付规模的影响更大（Mahler and Jesuit，2006）；完全瞄准低收入人口的转移支付体系反而不利于缩小收入不平等状况（Korpi and Palme，1998）。

由于再分配效应的绝大部分来源于政府对低收入群体的转移支付，因此与瞄准效率相比，似乎政府转移支付的规模对再分配效应的影响作用更大。那么各国再分配效应的差异是否全部来源于政府转移支付规模的差异呢？其实不然。如果政府转移支付规模与市场收入不平等之间存在着"市场收入越不平等，再分配支出的规模越大"的关系，那么各国市场收入的不平等状况首先存在着显著的不同。从图8-1可以发现，在市场收入的不平等状况上，以转移支付前收入计算的基尼系数在发达国家和发展中国家之间并不存在明显的界限，绝大多数国家都分布在0.45~0.60之间，但是在政府转移支付政策的作用之后，居民可支配收入的基尼系数存在着明显的不同，大部分国家政府转移支付后基尼系数都降至0.40以下。因

---

① 如果最低收入者获得全部补贴，则集中率取 -1；如果所有人获得相同的补贴，则集中率取0；如果最高收入者获得全部补贴，则集中率取1。

此，用市场收入的不平等和转移支付规模的差异只能解释各国再分配效应的部分差异，而无法解释为何一些国家转移支付规模较大但再分配效应极低，或者一些国家转移支付规模不高但再分配效应较高的事实。

而在转移支付的瞄准效率方面，除了一些完全针对低收入群体的转移支付（比如低保）具有绝对的缩小收入差距效果之外，绝大多数政府转移支付具有普惠性的特征，领取条件往往不以转移支付前收入为衡量标准（比如儿童补贴、退耕还林补贴）。针对儿童转移支付和退耕还林等政府转移支付还属于完全由政府财政负担的支出，除此以外，还有一些政府转移支付并非完全来源于财政支出，比如前期需要个人缴费的养老金和医疗报销金等。如果个人缴费越高则转移支付规模越大，政府实际上只承担了这些转移支付的部分成本，最终获得高政府转移收入的群体并非通常意义上的低收入群体，养老金对改善收入差距的效果则难以确定。从这个角度来看，使用是否完全偏向于低收入人口的瞄准效率来解释各国政府转移收入再分配效应的差异仍然不够。更重要的是，我们使用各国微观住户数据研究发现几乎所有的政府转移支付的瞄准效率（即集中率）都小于 0，表明所有国家的政府转移支付都偏向于低收入人口，低收入人口获得的转移收入占转移支付前收入的比值更高。但这往往伴随着新的问题，低收入人群的转移支付前收入显然更低，因此一个较低的转移收入绝对规模就可以使得集中率小于 0，但此时可能高收入群体的转移收入规模更高（以养老金为例）。

因此，如何客观、全面地解释各国政府转移支付缩小收入不平等的差异成为本章的研究内容。在已有研究提出的转移支付规模和集中率的基础上，本章从政府转移支付的实际分配与最优分配之间的关系构造了再分配非效率指数，并将其分解为再排序导致的纵向非效率和累进性偏离导致的纵向无效率两个部分。再分配非效率指数不仅涵盖了政府转移支付规模和集中率对收入再分配效应的影响，更重要的是从转移支付再排序和累进性偏离的角度对各国转移支付的分配方式进行了深入解读。

在方法论的基础上，我们进一步使用卢森堡微观数据库的住户数据进行了应用分析，结果表明，各国政府转移支付的再分配非效率程度在 30%～90% 之间，发达国家的非效率程度较低，以横向非效率为主，而发展中国家的非效率程度较高，以纵向非效率为主。也就是说，政府转移支付对居民转移支付前收入排序的改变和不完全倾向于低收入人口的累进性偏离使得当前各国政府转移支付的再分配效果没有达到理论上的最优规模，在发达国家主要表现为对再排序的影响，而在发展中国家主要表现为累进性不足的影响。本章的研究结论对于提升政府转移收入的再分配效应具有重要意义——在不改变转移支付规模的情况下（即不增加财政支出负担），通过对现有转移支付的分配方式进行调整，降低转移收入对居民收入排序的改变程度，同时提高转移收入偏向于低收入人口的累进程度，以转移支付的再分配效率提升即可促使各国政府转移支付再分配效果提升。

再分配非效率的度量，需要结合政府转移支付的实际分配与最优分配之间的差异。再分配效率等于政府转移支付实际再分配效应与最优再分配效应之比（Fellman et al.，2010；Enami，2017；徐静等，2018）。基于各国转移支付的实际再分配效应与最优再分配效应之差占最优再分配效应的比重衡量了再分配非效率的程度（岳希明等，2021），与上述研究计算方法本质上类似，互为一个问题的两个方面（再分配效率 + 再分配无效率 = 1）。但在基本指标定义的基础上，我们对再分配非效率指数进行了横向和纵向非效率的分解，提供了关于补贴率、集中率、累进性和再排序等更详细的计算结果，有助于深入理解各国再分配效率的差异及其影响因素。更重要的是，我们对各国再分配非效率的现状进行了详细的比较分析，并考察了再分配非效率与转移支付比率之间的动态变化关系，从增加转移支付规模和调整转移支付分布两个角度对各国增加政府转移支付缩小收入差距的效果提出了政策建议。

除此以外，对再分配效率的研究还需要与另一组文献进行区分。这些文献使用数据包络分析（data envelopment analysis，DEA）方法来研究政府税收和支出的再分配效率，将政府税收收入和财政支出规模作为投入，再分配效应作为产出（Afonso et al.，2013）。这种方法无法考虑居民收入和政府补贴的分布，只是度量政府再分配政策的经济效率，与本章的研究主题存在根本性不同。

考虑到再分配效应的绝大部分来源于政府转移支付,[①] 因此本章只考察各国政府转移支付再分配效率的差异，并进行对比分析，在此基础上论述如何提高转移支付的再分配效率以提高政府再分配政策缩小收入差距的效果。因此，本章定义的住户收入只包含三个部分：转移支付前收入、政府转移收入和转移支付后收入（也称可支配收入），并且转移支付后收入等于转移支付前收入加政府转移收入，而转移支付前收入包含了市场收入、私人部门转移收入并扣除缴纳的个人所得税。所有收入均使用家庭人均水平。

二、再分配非效率指数的应用

1. 再分配非效率的基本含义

相关文献中，收入再分配效应通常公式（Musgrave and Thin，1948）表示如下：

$$MT = G_X - G_Y \qquad (8-1)$$

其中，G_X 和 G_Y 分别为政府转移支付前收入和转移支付后收入的基尼系数。通过比较 MT 的符号即可确定转移支付对收入不平等的影响。参考卡克瓦尼的分解方法，建立政府转移支付的再分配效应与转移支付累进性之间的联系，同样分为横向公平和纵向公平两项（Kakwani，1984）。分解公式为：

$$MT = G_X - G_Y = (C_Y^x - G_Y) - \frac{r}{1+r}(C_S^x - G_X)$$

$$= (C_Y^x - G_Y) - \frac{r}{1+r}P$$

$$= H + V \qquad (8-2)$$

---

① 已有研究基本认为政府转移支付占整体再分配效应的比例超过80%。理论上，税收也可作类似的分析。

式（8-2）中，横向公平为 $H = C_Y^X - G_Y$，度量了转移收入对居民收入排序的影响。C_Y^X 表示转移支付后收入 Y 按照转移支付前收入 X 排序的集中度，G_Y 是以转移支付后收入 Y 自身排序计算 Y 的基尼系数。[①] 纵向公平为 $V = -\dfrac{r}{1+r}(C_S^X - G_X)$，度量了转移支付规模与累进性之间的关系。$r$ 表示人均转移收入率（$r>0$），C_S^X 为按照转移支付前收入 X 排序计算的补贴集中度，表示转移支付在不同人群组之间的分布。[②] 式（8-2）中，$P = C_S^X - G_X$ 代表转移支付的累进性程度，$P>0$ 时为累退转移支付，$P<0$ 时为累进转移支付，$P=0$ 时转移支付中性。[③]

在转移支付前收入分布和转移支付规模给定的任意情况下，通过调整转移支付的分布，可以使得转移支付后基尼系数达到理论上的最小值，此时对应的再分配效应达到最优。转移支付的最优分配方式满足的条件就是所有获得转移收入的人转移支付后收入完全相等（Fei，1981）。具体来讲，按转移支付前收入从低到高排序，以"补短板"的方式分配转移收入，先将转移收入分配给最低收入者使其转移支付后收入等于次低收入者，然后，对最低和次低者进行补齐，使得他们的收入等于排序中的第三人，如此直至转移收入全部用尽（Enami，2018；徐静等，2018；岳希明等，2021）。

因此，政府转移支付的实际再分配效应和最优再分配效应分别用公式表示如下：

$$MT = G_x - G_y = H - \frac{r}{1+r}P \qquad (8-3)$$

$$MT_* = G_x - G_* = H_* - \frac{r}{1+r}P_* \qquad (8-4)$$

式（8-3）和式（8-4）中，MT 和 MT_* 分别代表现实和最优再分配效应，G_y 和 G_* 分别代表现实和最优分配方式下的转移支付后基尼系数，

---

① 后文中 G 表示基尼系数，C 表示集中度，下角标表示计算基尼系数或集中度的目标变量，上角标表示计算集中度时使用的排序变量。

② 此时的"不同人群组"是依补贴前收入衡量的。

③ 当表示补贴时，累进性指标的符号与含义与税收时正好相反。

H 和 H_* 以及 P 和 P_* 分别代表对应的横向公平和累进性指数。如前所述，最优的转移支付分配将使得所有获得转移收入的人群转移支付后收入完全相同，转移收入不改变收入排序并且累进性程度最高，得到 $H_* = 0$，且 $P_* < P < 0$。基于实际再分配效应与最优再分配效应之间的关系，我们定义了政府转移支付再分配非效率指数（IE），计算公式等于最优再分配效应与实际再分配效应之差占最优再分配效应的比重。IE 的值越大，代表政府转移支付非效率的程度越高。同时借鉴卡克瓦尼对税收公平的分解，我们将再排序导致的无效率定义为横向非效率（HIE），累进性偏离导致的无效率定义为纵向非效率（VIE），公式如下：

$$IE = \frac{MT_* - MT_Y}{MT_*} = \frac{G_Y - G_*}{MT_*}$$
$$= -\frac{H}{MT_*} - \frac{r}{1+r} \frac{P_* - P}{MT_*}$$
$$= HIE + VIE \tag{8-5}$$

式（8-5）中，H 是横向公平指数，等于转移收入的集中度（按转移支付前收入排序）减转移支付后收入的基尼系数。随着转移收入率 r 的增加，最优分配方式下的基尼系数（也称最小基尼系数）先下降再不变，因此 MT_* 先增加再不变，但始终大于 0。以下重点讨论非效率指数构成中分子的符号和变化情况。H 始终小于等于 0，并且再排序效应越大，H 越小（Plotnick，1981），因此，横向非效率指数（HIE）始终大于等于 0，且随着再排序效应的增加而增加。在纵向非效率（VIE）方面，由转移收入的累进性可知，累进性程度越高则 P 值越小，最优分配方式下转移收入的累进性程度最高（$P_* < P < 0$），因此纵向非效率指数 VIE 同样大于等于 0。在其他条件不变的情况下，VIE 将随着现实转移收入累进性程度的增加而减小。

在理论分析的基础上，为了更清楚地展示再分配非效率指数的含义，结合最小基尼系数曲线给出对应的图示结果（见图8-2）。图中的实线为最小基尼系数曲线，水平虚线为政府转移支付前基尼系数。假定一个国家的初始基尼系数为 O 点对应的数值，转移支付规模为 r，经过政府转移支付的作用之后，实际基尼系数为 B 点对应的数值，而最优基尼系数为 A 点对应的数值，政府转移支付的实际和最优再分配效应分别为$\vec{OB}$和$\vec{OA}$。通过前文的分析可知，再分配非效率指数等于$\vec{BA}/\vec{OA}$。因此，给定政府任意的转移支付规模，都可以得到当前分配与最优分配之间的比值关系，从而计算出对应的再分配效率与非效率。

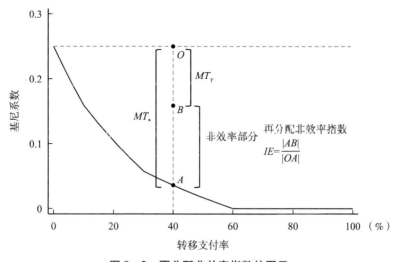

图 8-2　再分配非效率指数的图示

2. 再分配非效率的动态特征

式（8-5）提供了任意时点各国政府转移支付再分配效率的基本信息，并且再分配非效率程度（*IE*）随现实转移支付再排序程度的增加而增加，随现实转移支付累进性程度的增加而减小。同时，通过对横向非效率和纵向非效率的分解，从转移收入率、累进性和再排序等多个方面考察了各国政府转移支付缩小收入不平等效果的差异，有助于我们全面认识各国再分配效应的不同。但就其现实意义来讲，如果可以分析出各国政府再分配效率随着转移收入率 *r* 变化的路径，将更有助于各国再分配政策的调整和优化。

理论上讲，转移收入率 *r* 的增加可能会带来 *H*、P_* 和 *P* 的同时变化，但通过合理的假定，我们仍然可以局部分析再分配效率随着 *r* 变化的增减情况。此处采用与最小基尼系数路径曲线推导类似的方法，① 即假定补贴在人群中的相对占比不变（转移收入的现实累进性指数 P 也将不变），从而动态观察 IE 的增减情况。结果发现，随着转移收入率 r 的增加，各国再分配非效率的值也随之增加。首先，随着 r 的增加，最优再分配效应先增加再不变（最大值等于转移收入前基尼系数，此时全社会转移收入后基尼系数等于 0），而现实转移收入的再排序程度同样会逐渐增加，因此，横向非效率 $HIE = -\dfrac{H}{MT_*}$ 会逐渐增加。

在纵向非效率方面，纵向非效率指数可以改写成 $VIE = -\dfrac{r}{1+r}\dfrac{P_* - P}{MT_*} = \dfrac{P_* - P}{P_*} = 1 - \dfrac{P}{P_*}$。随着 r 的增加，转移收入的最优累进性先下降再不变（P_* 先增大再不变，但始终小于 0），而在现实转移收入的累进性指数 P 假定不变的情况下，纵向非效率将先减小后不变。由于各国政府转移收入横向非效率的相对占比更高，因此各国政府转移收入的非效率程度最终随着 r 的增加而增加。上述结果表明，如果各国维持现有的政府转移支付在人群中分布占比，单纯增加政府支出中用于再分配的转移支付规模，不仅不利于再分配政策效应的发挥，反而会因为转移收入对居民收入再排序的影响过大使得再分配的效率降低。

三、各国再分配非效率的微观表现

本章的核心在于对各国政府转移收入的再分配效率进行国际比较，因此在各国收入数据基本描述信息的基础上，以下运用"再分配非效率的定义及分解"部分的理论分析框架进行实证分析，由此得到各国政府转移收入再分配非效率指数的基本结果（见图 8-3）。

---

① 关于最小基尼系数路径曲线的推导过程，参见徐静、蔡萌、岳希明：《政府补贴的收入再分配效应》，载于《中国社会科学》2018 年第 10 期。

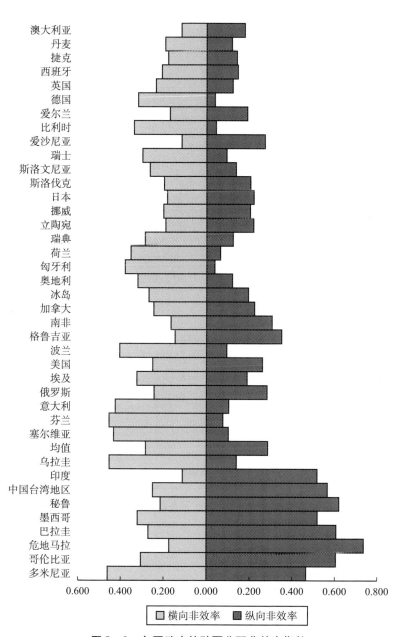

图 8 – 3　各国政府补贴再分配非效率指数

数据来源：卢森堡收入数据库。

图 8-3 表明，各国政府转移收入的再分配非效率程度在 30% ~ 90% 之间，样本非效率的均值约为 52.5% ，其中，横向非效率约为 27% ，纵向非效率约为 25.3% ，表明政府转移收入已经实现的再分配效果约占最优再分配效果的一半，而其中再排序导致的横向非效率和累进性偏离导致的纵向非效率基本相当。尽管如此，横向非效率和纵向非效率在不同国家的差异明显，发达国家横向非效率的程度更高，而绝大多数发展中国家纵向非效率更高。因此，从提高再分配效率的角度来看，发达国家应注重优化政府转移收入再分配对居民排序的影响，而发展中国家的当务之急是提高转移收入倾向于低收入人口的累进性。具体来看，再分配效率最低的国家是多米尼加，非效率的数值为 95.3% ，表明政府转移收入的分配方式严重偏离最优分配，现有转移收入缩小收入差距的效果占最优效果的比重不足 5% 。再分配效率最高的国家是澳大利亚，其非效率的数值为 29.3% ，表明政府转移收入分配方式接近最优分配方式程度较高，非效率的占比约为 1/3 。总体来看，发达国家政府补贴的非效率程度显著低于发展中国家。

在此基础上，一个更加重要的问题是探讨各国再分配非效率差异的形成原因，从再排序和累进性偏离两个角度进行深入分析。为了更清晰地展示各国转移收入的基本特征，以下进一步提供了转移收入前后基尼系数和累进性指数等基本指标的信息（见表 8-1）。

表 8-1   各国补贴前后基尼系数和累进性指数

国家	转移收入率 $(r, \%)$	转移支付前基尼系数 (G_x)	转移支付后基尼系数 (G_y)	最优基尼系数 (G_*)	再排序效应 (H)	现实累进性指数 (P)	最优累进性 (P_*)
奥地利	39.440	0.533	0.358	0.221	-0.100	-0.968	-1.100
澳大利亚	16.370	0.507	0.386	0.336	-0.020	-1.003	-1.219
比利时	34.600	0.570	0.383	0.268	-0.102	-1.123	-1.175
加拿大	24.910	0.493	0.371	0.265	-0.056	-0.888	-1.143
瑞士	21.390	0.479	0.354	0.274	-0.061	-1.054	-1.163

续表

国家	转移收入率（r,%）	转移支付前基尼系数（G_x）	转移支付后基尼系数（G_y）	最优基尼系数（G_*）	再排序效应（H）	现实累进性指数（P）	最优累进性（P_*）
哥伦比亚	14.360	0.608	0.594	0.448	−0.049	−0.507	−1.277
捷克	29.320	0.494	0.318	0.236	−0.046	−0.978	−1.138
德国	28.530	0.557	0.389	0.296	−0.083	−1.129	−1.175
丹麦	36.750	0.499	0.293	0.202	−0.057	−0.977	−1.107
多米尼加	2.800	0.547	0.545	0.508	−0.018	−0.737	−1.404
爱沙尼亚	26.840	0.544	0.391	0.293	−0.029	−0.861	−1.184
埃及	42.240	0.563	0.403	0.233	−0.107	−0.901	−1.111
西班牙	39.540	0.512	0.312	0.204	−0.064	−0.930	−1.088
芬兰	44.050	0.553	0.395	0.216	−0.153	−1.019	−1.104
格鲁吉亚	21.960	0.557	0.450	0.345	−0.031	−0.764	−1.176
危地马拉	3.510	0.528	0.524	0.482	−0.008	−0.362	−1.361
匈牙利	59.540	0.559	0.329	0.164	−0.150	−1.019	−1.059
爱尔兰	38.810	0.591	0.387	0.273	−0.054	−0.923	−1.139
印度	1.320	0.677	0.670	0.659	−0.002	−0.693	−1.409
冰岛	20.280	0.419	0.316	0.229	−0.051	−0.912	−1.131
意大利	51.760	0.528	0.358	0.168	−0.153	−0.946	−1.056
日本	12.550	0.493	0.411	0.356	−0.025	−0.961	−1.231
立陶宛	26.950	0.535	0.389	0.288	−0.047	−0.907	−1.161
墨西哥	12.420	0.549	0.527	0.409	−0.045	−0.606	−1.264
荷兰	33.720	0.516	0.349	0.230	−0.101	−1.061	−1.134
挪威	34.180	0.473	0.309	0.198	−0.055	−0.861	−1.080
秘鲁	5.540	0.511	0.499	0.441	−0.015	−0.517	−1.343
波兰	43.890	0.551	0.383	0.215	−0.136	−0.998	−1.102
巴拉圭	3.730	0.519	0.513	0.471	−0.013	−0.545	−1.354
塞尔维亚	72.040	0.586	0.382	0.149	−0.189	−0.937	−1.044
俄罗斯	32.490	0.495	0.367	0.224	−0.066	−0.793	−1.105
瑞典	40.720	0.515	0.327	0.197	−0.091	−0.963	−1.098
斯洛文尼亚	48.390	0.492	0.288	0.154	−0.089	−0.896	−1.038

续表

国家	转移收入率 $(r,\%)$	转移支付前基尼系数 (G_x)	转移支付后基尼系数 (G_y)	最优基尼系数 (G_*)	再排序效应 (H)	现实累进性指数 (P)	最优累进性 (P_*)
斯洛伐克	30.200	0.457	0.305	0.203	−0.050	−0.872	−1.096
英国	31.200	0.563	0.386	0.287	−0.065	−1.017	−1.158
美国	17.230	0.546	0.458	0.366	−0.045	−0.904	−1.223
乌拉圭	30.610	0.503	0.398	0.245	−0.117	−0.945	−1.099
南非	9.640	0.778	0.714	0.657	−0.020	−0.954	−1.374
均值	28.053	0.532	0.407	0.299	−0.066	−0.869	−1.173

数据来源：卢森堡收入数据库。

可以发现，转移支付前基尼系数在不同的国家差异并不太大，差异的根源在于转移收入规模和分配方式。平均来看，样本国家转移收入率的均值为28.053%，表明政府转移收入占转移支付前收入的比重接近30%；转移支付前基尼系数的均值为 0.532，转移支付后基尼系数的均值为0.407，同等转移收入规模下转移支付后最优基尼系数的均值为0.299，表明政府转移支付可以使得基尼系数下降23.6%［即（0.532−0.407)/0.532］，而通过调整转移支付的分配方式，可以使得基尼系数下降的幅度最大达到43.8%［即（0.532−0.407)/0.532］。可以说，通过调整转移支付的分布仍有很大的空间来提高政府转移收入缩小收入差距的效果。

在排序方面，样本中横向公平指数的均值为−0.066，表明转移支付对居民收入排序的影响是显著的。累进性方面，样本国家转移收入现实累进性的均值为−0.869，而最优累进性的均值为−1.173。所有国家的政府转移支付都是累进性补贴，只是累进性的程度不一样。结合横向公平指数和累进性指数的差异以及再分配非效率的定义可以知道，在各国转移收入规模一定的情况下，提高各国再分配的效率需要从降低转移收入的再排序影响和提高转移收入的累进性两个方面进行改进。更重要的是，即使在不改变政府转移支付规模的条件下，不增加政府财政支出负担，通过调整转移支付的分配方式就可以大幅提高政府转移收入的再分配效果，大幅缩小全社会的收入差距。

如果各国转移支付前基尼系数的差异较小，那么转移收入率越高，转移支付后基尼系数就越低，最终全社会的收入分布越平等，这一点在现实分配和最优分配时均成立。以意大利和危地马拉为例，这两个国家转移支付前收入的基尼系数均为 0.528，但转移支付后基尼系数迥异，其中意大利转移支付后基尼系数和最优基尼系数分别为 0.358 和 0.168，而危地马拉对应的数值分别是 0.524 和 0.482，表明最终效果的差异很大部分是来源于转移收入规模，意大利转移收入率为 51.76%，而危地马拉仅为 3.51%。从这个角度来看，提高政府转移支付规模，增加财政支出中用于转移支付的比重，就能够提高政府转移收入缩小收入差距的效果。类似地，还可以对比美国和多米尼加的状况，这两个国家转移支付前基尼系数基本完全相同，由于转移收入规模的差异较大，最终使得转移支付后基尼系数呈现出显著不同。

以上研究表明，再分配效率较高的国家普遍拥有较高的转移收入率，那么是不是提高转移收入率就必然显著提高发展中国家的再分配效率呢？答案是不一定。基尼系数路径曲线的结果表明，转移支付后基尼系数与转移收入率之间呈现出倒"U"型关系，也就是说，随着转移收入规模的增加，转移支付后收入的基尼系数呈现先降低后上升的趋势，因此政府转移收入的再分配效应随转移支付率的上升将先增加后减小，曲线的拐点为现行转移支付分布下可以实现的基尼系数最小值，对应的转移收入率为现行补贴方式下的最优转移收入率（徐静等，2018）。而对于给定任意的转移支付规模，存在一种理论上的最优分配方式使得转移支付后基尼系数达到最小，最优转移支付后基尼系数随转移收入率的增加先逐渐下降随后收敛到 0，也称最小基尼系数曲线。基尼系数路径曲线给出了各国政府转移支付的实际分配方式与转移收入率之间的动态关系，而最小基尼系数曲线给出了各国政府转移支付最优分配方式与转移收入率之间的动态关系。

为了更直观地比较各国再分配效率的差异，基于 LIS 各国微观数据，我们进一步绘制了各国政府转移收入的实际与最优分配方式与转移收入率之间的动态图示，结果见图 8-4 和图 8-5。

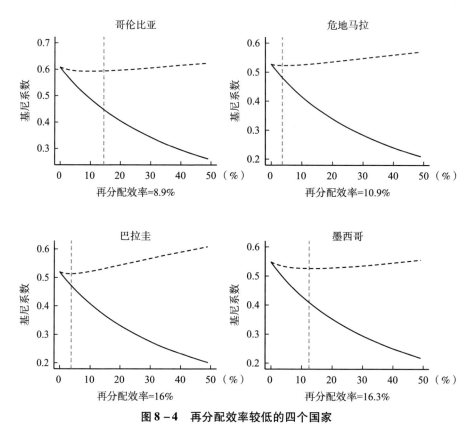

图 8-4 再分配效率较低的四个国家

注：图中虚线曲线为基尼系数路径曲线，实线为最小基尼系数曲线，垂直于横轴的虚线为各国当前的转移收入率水平。下同。

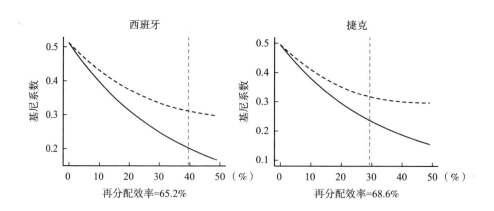

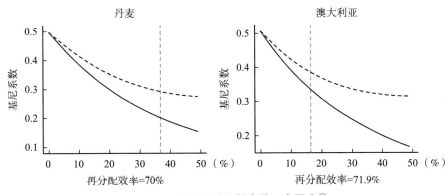

图 8-5 再分配效率较高的 4 个国家①

观察图 8-4 和图 8-5 还可以发现，再分配效率较高的国家，其基尼系数路径曲线都非常接近于最小基尼系数曲线，表明政府转移支付的分配方式接近于最优分配。但是对于再分配效率较低的国家而言，基尼系数路径曲线与最小基尼系数曲线之间的距离则相对较远，表明政府转移支付的分配方式严重偏离了最优分配。对于大多数国家而言，转移收入率都位于最优转移收入率的左侧，表明即使是在转移收入分布不变的情况下，② 单纯提高政府转移收入率也可以提高再分配效率，降低收入不平等状况；但是对于再分配效率较低的国家而言，政府转移收入率已经超过了最优转移收入水平，如果不改变转移收入的分布，增加政府转移支付的规模将使得全社会基尼系数不降反升。从这个角度来讲，政府应该调整转移支付的分布以提高再分配效率从而改善全社会的收入不平等状况。

上述研究均是在转移收入率不同的情况下考察各国转移收入再分配效率的差异，由于再分配效率较高的国家通常有较高的政府转移收入率，并且对于绝大多数国家来说，提高政府转移收入规模就可以提高再分配效率，从而缩小全社会的收入不平等状况，那么各国政府转移支付分配方式

---

① 由于篇幅的限制，此处分别展示再分配效率较高和较低的 4 个国家。样本中所有国家的基尼系数路径曲线和最小基尼系数曲线的详细信息请联系本书作者。

② 补贴分布不变意味着补贴在人群中的相对比例关系不变，提高补贴率仅改变居民获得的补贴绝对数额。

的差异对再分配效率的影响程度到底如何？对比再分配效率较高的澳大利
亚和再分配效率较低的哥伦比亚可以发现，两国政府转移收入率的相差较
小（澳大利亚为 16.37%，哥伦比亚为 14.36%），但再分配效率呈现出截
然不同的局面（澳大利亚的非效率指数为 28.1%，哥伦比亚为 91.1%），
出现上述状况的原因就在于政府转移支付的分配方式。为了更深入地分析
政府转移支付分配方式对再分配效率的影响，以下我们将各国的转移收入
率规模设定为样本中各国转移收入率的均值 28.053%，然后保持各国政府
转移支付的分配方式不变，计算获得各国政府转移收入的再分配非效率指
数。结果发现，在各国政府转移收入率一样的情况下，发达国家的再分配
效率同样比较高，而发展中国家的再分配效率较低。这进一步引发了关于
转移支付分配结构的思考。

四、主要结论及建议

近年来，对政府再分配效应的研究层出不穷。为了更全面、合理地
评估各国政府再分配政策工具的干预效果，我们应用政府转移支付的再
分配非效率指数，系统地考察了政府转移收入规模（规模效应）和分配
方式（分配效应）对再分配效率的影响。毋庸置疑，各国政府转移收入
的规模不同自然导致了再分配效率的差异，但是在各国转移支付前收入
分布和补贴率完全给定的情况下，由于转移收入分配方式的差异同样带
来了各国政府转移支付效率的不同，为此，我们从现实分配与最优分配
之间的差异进行了考察。为了更深入地分析政府转移收入非效率的影响
因素，我们对再分配非效率指数进行了分解，分解成由再排序导致的横
向非效率和累进性偏离导致的纵向非效率两个部分。研究结果表明，各
国政府转移收入的非效率程度在 30% ~90% 之间，发达国家的非效率程度
较低，以横向非效率为主，而发展中国家的非效率程度较高，以纵向非效
率为主。

当进行国际比较时，一个疑问就是，由于各国政府转移支付规模存在
绝对的差异，那么在转移收入率不同的前提下对各国再分配效率进行比较

是否有意义，A 国非效率的值（40%）高于 B 国（20%）是否意味着 B 国转移支付缩小收入差距的效果比 A 国更大？对此我们认为，A 国转移收入非效率的值越高，一定有 A 国转移收入再分配效率更低，但并不意味着 A 国转移收入缩小收入差距的效果一定比 B 国更差。原因在于，对转移收入再分配非效率的讨论是基于各国转移收入现有的分配结果与最优结果之间的比较，是从当前转移支付缩小收入差距的现实效果占可以实现的最优效果（在转移收入规模完全相同的情况下）之比的角度来考察的。A 国非效率 40%，表明 A 国政府转移支付已经实现的再分配效应占该国最优分配效应的比例为 60%，而 B 国非效率为 20%，表明 B 国政府转移支付已经实现的再分配效应占该国最优分配效应的比例为 80%，因而 B 国转移收入的分配结果更有效率。但实际上 A 国的可支配收入的基尼系数或更低，对比匈牙利和德国即可找到明证。

可能的理由如下。一方面，由于各国转移支付前初始基尼系数的情况是不同的，在转移收入最优分配方式完全相同的情况下，可以实现的转移支付后基尼系数则完全取决于转移收入规模，转移收入规模越大则转移支付后基尼系数越小，意味着政府转移收入缩小收入差距的效果越大。另一方面，除了初始基尼系数和补贴规模的差异以外，各国转移支付的现实分配方式完全取决于社会保障政策对低收入人口的倾斜程度，不同国家的分配方式不同那么各国最终的转移支付后基尼系数自然存在不同。现实中，政府转移支付可以缩小收入差距的效果取决于转移支付分配方式、转移支付规模和初始基尼系数水平，我们构建的再分配非效率指数实际上是在给定不同的初始基尼系数和转移收入率的前提下，考察各国政府转移支付的现实方案与最优分配方案之间的差异，最终结果比较的是特定国家政府转移收入的实际再分配效果与最优再分配效果之间的差异。

本章的研究结论对于提升政府转移收入的收入再分配效应具有重要意义。在不改变转移收入规模的情况下（即不增加财政支出），通过对现有转移收入的分配方式进行调整，降低转移收入对居民收入排序的改变程度，同时提高转移收入偏向于低收入人口的累进程度，提高转移收入的再分配效率就可以大幅提升各国政府补贴的收入再分配效果。对于绝大多数发达国家来说，提高政府转移收入再分配效率的方法是调整转移收入的分布，尤其是避免转移收入对居民收入排序的影响，降低横向非效率；而对于发展中国家来说，除了需要适度提高政府转移收入的规模以外，更重要的是调整转移收入的分配方式，增加转移收入对低收入人口的倾斜度，降低纵向非效率。

除此以外，在本章中我们将政府转移收入作为一个大类，但实际上政府转移收入存在多种形式。政府转移收入中占比份额最大的是养老金和失业金，并且这两类政府转移收入的再分配效应占全部政府转移收入再分配效应的比重超过80%。由于不同类型的政府转移收入作用于不同类型的群体，因此，分类考察不同类型政府转移收入的再分配效率将成为我们接下来的研究课题之一。除了政府转移收入的不同类型以外，还需要从居民行为的角度来考察政府转移收入的再分配效率。虽然政府转移收入的规模越大，理论上改善收入差距的效果也更大，但无限制地增加政府转移收入将出现"财政养懒汉"的现象。本章的研究假定是政府转移收入完全不影响居民的行为，但实际上，政府转移支付制度越健全，对低收入人口的倾斜程度越高，越容易扭曲居民的行为，这也是当前各国政府转移收入中完全用于低收入人口的无条件转移支付比重较低的原因之一。

最优的转移收入分配方式是假定将转移收入全部分配给低收入人口，但在现实中是很难出现的。以养老金为主要内容的政府转移收入虽然占据了政府转移收入再分配效应的绝大多数，但这类转移收入具有显著的个人和地区差异特征，以个人和单位的缴费为最终支付的重要参考标准，退休后获得高政府转移收入的收入者也同时是就业时期高额缴费或者长时间缴费的群体。尽管如此，在养老金的制度设计上，仍然需要政策制定者充分考虑地区和人群差异，以基础养老金充分保证全体国民的基本生存和生活权益，最终实现全社会公平的收入分配状况。在我国当前职工养老保险和事业单位的制度设计中，以工资为缴费基数，并且以工资为领取基数，而城乡居民养老保险仍然依靠政府制定的基础养老金模式，如果维持现有格局不变，那么在职工类养老金收入随全社会平均工资增长而增加的同时，城乡居民养老金的基数和增幅都远远更低，长此以往，政府转移收入不仅无法缩小全社会的收入不平等状况，反而可能扩大收入差距。因此，适当提高政府对城乡居民基础养老金的支付比重，或者建立城乡居民养老保险缴费和基础养老金与所在地区人均收入或消费挂钩的制度，才是提高政府转移收入再分配效率的最有效解决手段。

参 考 文 献

［1］白书洋.对初次分配与再分配关系的再认识［J］.前沿, 2004（1）.

［2］白重恩, 钱震杰.国民收入的要素分配：统计数据背后的故［J］.经济研究, 2009（3）.

［3］白重恩, 钱震杰.谁在挤占居民的收入——中国国民收入分配格局分析［J］.中国社会科学, 2009（5）.

［4］蔡昉.探索适应经济发展的公平分配机制［N］.人民论坛, 2005 - 10 - 17.

［5］蔡萌, 岳希明.我国居民收入不平等的原因——市场因素和政府政策哪个更重要?［J］.财经研究, 2016（4）.

［6］陈岱孙.从古典经济学派到马克思［M］.北京：商务印书馆, 2014.

［7］［英］大卫·李嘉图.政治经济学及赋税原理［J］.郭大力, 王亚南, 译.北京：商务印书馆, 1962（55）.

［8］范从来, 张中锦.功能性和规模性收入结构：思想演进、内在联系与研究趋向［J］.经济学家, 2014（9）.

［9］方福前.中国居民消费需求不足原因研究——基于中国城乡分省数据［J］.中国社会科学, 2009（2）.

［10］冯志轩.国民收入中劳动报酬占比测算理论基础和方法的讨论——基于马克思主义经济学的方法［J］.经济学家, 2012（3）.

［11］高鸿鹰.发展经济学关于分配不平等问题研究的新进展［J］.国外社会科学, 2004（4）.

［12］龚刚, 杨光.从功能性收入看中国收入分配的不平等［J］.中国社会科学, 2010（2）.

［13］谷红欣.中国当代收入分配思想演变研究［D］.上海：复旦大学博士论文，2006.

［14］关艳丽.经济增长中的居民收入分配：理论与实证分析［D］.厦门：厦门大学博士论文，2009.

［15］郭庆旺，吕冰洋.论税收对要素收入分配的影响［J］.经济研究，2012（6）.

［16］国家计委综合司课题组.90年代我国宏观收入分配的实证研究［J］.经济研究，1999（11）.

［17］国家统计局国民经济核算司.中国第二次经济普查年度国内生产总值核算方法［M］.北京：中国统计出版社，2011.

［18］国家统计局国民经济核算司.中国非经济普查年度国内生产总值核算方法（第一次修订）［M］.北京：中国统计出版社，2013.

［19］国家统计局国民经济核算司.中国国民经济核算［M］.北京：中国统计出版社，2004.

［20］国家统计局国民经济核算司.中国经济普查年度资金流量表编制方法［M］.北京：中国统计出版社，2006.

［21］国家统计局国民经济核算司.中国经济普查年度资金流量表编制方法［M］.北京：中国统计出版社，2007.

［22］何磊，王宇鹏.谁在抑制居民的消费需求？——基于国民收入分配格局的分析［J］.当代经济科学，2010（11）.

［23］何正斌.经济学300年（上、下册）［M］.长沙：湖南科学技术出版社，2007.

［24］胡怀国.功能性收入分配与规模性收入分配：一种解说［J］.经济学动态，2013（8）.

［25］黄乾，魏下海.中国劳动收入比重下降的宏观经济效应［J］.财贸经济，2010（4）.

［26］解垩.税收和转移支付对收入再分配的贡献［J］.经济研究，2018（8）.

［27］李稻葵，何梦杰，刘霖林.我国现阶段初次分配中劳动收入份额下降分析［J］.经济理论与经济管理，2010（2）.

［28］李稻葵，刘霖林，王红领．GDP 中劳动份额演变的 U 型规律 ［J］．经济研究，2009（1）.

［29］李实．中国要在增长和分享之间寻求平衡 ［N］．中国财经报，2007 - 8 - 28.

［30］李扬，殷剑峰．中国高储蓄率问题探究——1992—2003 年中国资金流量表的分析 ［J］．经济研究，2007（6）.

［31］李懿．发展经济学论收入分配问题 ［J］．社会科学，1995（3）.

［32］李芝倩．资本、劳动收入、消费支出的有效税率测算 ［J］．税务研究，2006（4）.

［33］刘初旺．我国消费、劳动和资本有效税率估计及其国际比较 ［J］．财经论丛（浙江财经学院学报），2004（4）.

［34］刘盾，施祖麟，袁伦渠．论提高劳动收入份额对我国经济增长的影响 ［J］．中国经济问题，2014（2）.

［35］刘溶沧，马拴友．论税收与经济增长——对中国劳动、资本和消费征税的效应分析 ［J］．中国社会科学，2002（1）.

［36］刘亚琳，申广军，姚洋．我国劳动收入份额：新变化与再考察 ［J］．经济学（季刊），2022（5）.

［37］罗长远，张军．经济发展中的劳动收入占比：基于中国产业数据的实证分析 ［J］．中国社会科学，2009（4）.

［38］罗长远，张军．劳动收入占比下降的经济学解释——基于中国省级面板数据的分析 ［J］．管理世界，2009（5）.

［39］吕冰洋，陈志刚．中国省际资本、劳动和消费平均税率测算 ［J］．财贸经济，2015（7）.

［40］吕冰洋，郭庆旺．中国要素收入分配的测算 ［J］．经济研究，2012（10）.

［41］毛罗·巴兰宁．凯恩斯主义的分配理论 ［M］．北京：经济科学出版社，1992.

［42］潘春阳，杜莉，蔡璟孜．中国消费率下降之谜：基于资金流量表的分析（1992—2007）［J］．财经研究，2010（7）.

［43］乔榛．我国初次收入分配结构变迁的探讨 ［J］．经济学动态，

2011（9）.

[44]［法］萨伊. 政治经济学概论［M］. 陈福生，陈振骅，译. 北京：商务印书馆，1963.

[45] 苏中兴. 基本养老保险费率：国际比较、现实困境与改革方向［J］. 中国人民大学学报，2016（1）.

[46] 孙彭军. 中国居民消费不振与国民收入分配格局失衡研究［D］. 上海：复旦大学博士论文，2012.

[47] 孙文杰. 中国劳动报酬份额的演变趋势及其原因——基于最终需求和技术效率的视角［J］. 经济研究，2012（5）.

[48] 谭顺，郭乾. 破解当前我国消费不足的治理困境——基于马克思消费力理论的研究［J］. 经济学家，2017（5）.

[49] 田卫民. 最优国民收入分配研究［D］. 天津：南开大学博士论文，2009.

[50] 汪同三. 改革收入分配体系解决投资消费失调［J］. 金融纵横，2007（22）.

[51] 汪伟，郭新强，艾春荣. 融资约束、劳动收入份额下降与中国低消费［J］. 经济研究，2013（11）.

[52]［英］威廉·配第. 赋税论［M］. 邱霞，原磊，译. 北京：华夏出版社，2006.

[53]［英］威廉·配第. 配第经济著作选集——政治算术［M］. 陈冬野，马清槐，周锦如，译. 北京：商务印书馆，2009.

[54] 武晓光. 按要素分配理论的演变［D］. 河北：河北师范大学，2016.

[55] 向书坚. 我国功能收入分配格局分析［J］. 统计研究，1997（6）.

[56] 谢富盛，陈瑞琳. 马克思的最低工资学说［J］. 教学与研究，2016（8）.

[57] 徐静，蔡萌，岳希明. 政府补贴的收入再分配效应［J］. 中国社会科学，2018（10）.

[58] 许宪春. 准确理解中国的收入、消费和投资［J］. 中国社会科学，2013（2）.

［59］［英］亚当·斯密.国富论.［M］.唐日松，译.北京：华夏出版社，2005.

［60］［英］亚当·斯密.国民财富的性质和原因的研究（上、下卷）［M］.郭大力，王亚南，译.北京：商务印书馆，2008.

［61］叶初升，施颖.发展经济学视野中的收入分配问题［J］.江西社会科学，2005（11）.

［62］［美］约翰·梅纳德·凯恩斯.就业、利息和货币通论［M］.高鸿业，译.北京：商务印书馆，1999.

［63］［奥］约瑟夫·熊彼特.经济分析史（第二卷）［M］.杨敬年，译.北京：商务印书馆，2001.

［64］岳希明，徐静，刘谦，丁胜，董莉.2011年个人所得税改革的收入再分配效应［J］.经济研究，2012（9）.

［65］岳希明，周慧，徐静.政府对居民转移支付的再分配效率研究［J］.经济研究，2021（9）.

［66］赵峰，姬旭辉，冯志轩.国民收入核算的政治经济学方法及其在中国的应用［J］.马克思主义研究，2012（8）.

［67］中共中央马克思恩格斯列宁斯大林著作编译局.马克思恩格斯文集第9卷［M］.北京：人民出版社，2009.

［68］周慧，邵桂根.卢成国民收入分配与有效税率［J］.经济社会体制比较，2020（6）.

［69］周慧，岳希明.中国国民收入分配格局的现状与国际比较［J］.国际税收，2019（10）.

［70］周明海.实际劳动收入份额变动的估算及其变动趋势［J］.中国人口科学，2014（1）.

［71］邹薇，袁飞兰.劳动收入份额、总需求与劳动生产率［J］.中国工业经济，2018（2）.

［72］Afonso A, Schuknecht L, Tanzi V. Income Distribution Determinants and Public Spending Efficiency［J］. Comparative Economic & Social Systems, 2013（3）.

［73］Bai C, Hsieh C, Qian Y. The Return to Capital in China［J］.

NBER Working Paper, No. 12755, 2006.

［74］ Bhaduri A, Marglin S. Unemployment and the Real Wage: The Economic Basis for Contesting Political Ideologies ［J］. Cambridge Journal of Economics, 1990 (4).

［75］ Blanchard O, Nordhaus W, Phelps E. The Medium Run ［J］. Brookings Papers on Economic Activity, 1997 (2).

［76］ Carey D, Tchilinguirian H. Average Effective Tax Rates on Capital, Labour and Consumption ［J］. OECD Economics Department Working Papers, No. 258, 2000

［77］ Carey D, Rabesona J. Tax Ratios on Labour and Capital Income and on Consumption ［J］. OECD Economic Studies, 2003 (35).

［78］ Enami A. Measuring the Effectiveness of Taxes and Transfers in Fighting Inequality and Poverty ［J］. Chapter 5 in Nora Lustig (editor), Commitment to Equity Handbook. Estimating the Impact of Fiscal Policy on Inequality and Poverty ［M］. Brookings Institution Press and CEQ Institute, Tulane University, 2018.

［79］ Fei J C H. Equity Oriented Fiscal Programs ［J］. Econometrica, Econometric Society, 1981 (4).

［80］ Fellman J, Jantti M, Lambert P J. Optimal Tax-Transfer Systems and Redistributive Policy ［J］. Scandinavian Journal of Economics, 2010 (1).

［81］ Gollin D. Getting Income Shares Right ［J］. Journal of Political Economy, 2002 (2).

［82］ Gomme P, Rupert P. Measuring Labor's Share of Income ［J］. Federal Reserve Bank of Cleveland Policy Discussion Papers, 2004.

［83］ Guscina A. Effects of Globalization on Labor's Share in National Income ［J］. Social Science Electronic Publishing Working Paper, 2006 (6): 294.

［84］ Harrison A. Has Globalization Eroded Labor's Share? Some Cross-Country Evidence ［J］. MPRA Working Paper, 2005.

［85］ Kaldor N. Alternative Theories of Distribution ［J］. Review of Economic Studies, 1955 (2).

[86] Kaldor N. Capital Accumulation and Economic Growth [M]. The Theory of Capital, New York: St. Martin's Press, 1961.

[87] Karabarbounis L, Neiman B. The Global Decline of the Labor Share [J]. Quarterly Journal of Economics, 2014 (1).

[88] Kenworthy L, Pontusson J. Rising Inequality and the Politics of Redistribution in Affluent Countries [J]. Perspectives on Politics, 2005 (3).

[89] Korpi W, Palme J. The Paradox of Redistribution and Strategies of Equality: Welfare State Institutions, Inequality, and Poverty in the Western Countries [J]. American Sociological Review, 1998 (5).

[90] Krueger A. Measuring Labor's Share [J]. American Economic Review, 1999 (2).

[91] Kuijis L. How Will China's Saving-investment Balance Evolve? [J]. Wolrd Bank China Office Research Working Paper, 2006 (32).

[92] Kuznets S. Economic Growth and Income Inequality [J]. American Economic Review, 1955 (1).

[93] Mahler V A, Jesuit D K. Fiscal Redistribution in the Developed Countries: New Insights from the Luxembourg Income Study [J]. Socio-Economic Review, 2006 (4).

[94] Meltzer A H, Richard S F. A Rational Theory of the Size of Government [J]. Journal of Political Economy, 1981 (5).

[95] Mendoza E G, Razin A, Tesar L L. Effective Tax Rates in Macroeconomics: Cross-Country Estimates of Tax Rates on Factor Incomes and Consumption [J]. Journal of Monetary Economics, 1994 (3).

[96] Milanovic B. Do More Unequal Countries Redistribute More? Does the Median Voter Hypothesis Hold [J]. World Bank Policy Research Working Paper, No. 2264, 1999.

[97] Musgrave R A, Thin T. Income Tax Progression 1929 – 1948 [J]. Journal of Political Economy, 1948 (6).

[98] Kakwani N. On the Measurement of Tax Progressivity and Redistribu-

tion Effect of Taxes with Applications to Horizontal and Vertical Equity [J].
Advances in Econometrics, 1984 (3).

[99] Plotnick R. A Measure of Horizontal Equity [J]. Review of Economics and Statistics, 1981 (2).

[100] Wang C, Caminada K, Goudswaard K. The Redistributive Effect of Social Transfer Programmes and Taxes: A Decomposition Across Countries [J]. International Social Security Review, 2012 (3).

[101] Wang C, Caminada K. Disentangling Income Inequality and the Redistributive Effect of Social Transfers and Taxes in 36 LIS Countries [J]. MPRA Paper, No. 32821, 2011.

后　记

　　早在 18 世纪，国民收入分配就已经成为政治经济学研究的核心。几百年来相关理论发展也萌生出诸多变化和挑战，但毫无疑问的是，国民收入分配至今依然是政治经济学领域的首要问题。

　　国民收入分配问题之所以备受关注，原因远不止分配问题本身。分配问题事关生产力和生产关系的长期走向，包含就业、消费、增长函数选择等诸多选择，更是反映一个社会对劳动和资本公平与否的重要指征。从国民收入分配理论的演进规律中找寻理论依据，并以发达国家国民收入分配的实践作为镜鉴，是准确研判我国国民收入分配发展趋势的必然选择。其中，制度的差异不容忽视。与经济领域的中国奇迹类似，我国国民收入分配蹚出了一条与西方经济学理论完全不一样的大道，这也意味着我们的国民收入分配研究要在精准把握世界大势的背景下，更加关注中国国民收入分配的独特行为和特殊规律，进而将其上升为经济学理论。

　　对国民收入分配的相关研究，笔者自研究生入学即有关注，并以"国民收入的要素分配——生产要素分配的中国现状"为题完成了硕士毕业论文。本书大部分内容都是笔者以往公开发表的成果，凝聚了指导老师岳希明教授和论文合作者的智慧。囿于水平和时间等诸多限制，相关内容的完整、全面和准确性都有待深入研究，而这也是笔者未来继续努力的方向。

　　特别地，感谢经济科学出版社对图书出版所给予的支持和帮助，谨对参与本书出版的所有同志致以衷心谢意，尤其感谢责任编辑胡成洁老师、校对蒋子明老师耐心细致而卓有成效的工作。

周　慧

2022 年 12 月